浙江省"152"党史人才专项资助课题成果

红色马头岗

中共平阳县委党史研究室
中共平阳县凤卧镇委员会　编

ZHEJIANG UNIVERSITY PRESS
浙江大学出版社
·杭州·

图书在版编目（CIP）数据

红色马头岗 / 中共平阳县委党史研究室，中共平阳县凤卧镇委员会编. -- 杭州：浙江大学出版社，2025.8. -- ISBN 978-7-308-25951-4

Ⅰ．K295.55

中国国家版本馆 CIP 数据核字第 2025ZE9856 号

红色马头岗

中共平阳县委党史研究室
中共平阳县凤卧镇委员会　编

策划编辑	吴伟伟
责任编辑	陈　翮
责任校对	丁沛岚
封面设计	雷建军
出版发行	浙江大学出版社
	（杭州市天目山路 148 号　邮政编码 310007）
	（网址：http://www.zjupress.com）
排　　版	大千时代（杭州）文化传媒有限公司
印　　刷	杭州高腾印务有限公司
开　　本	710mm×1000mm　1/16
印　　张	19.5
彩　　插	8
字　　数	213 千
版 印 次	2025 年 8 月第 1 版　2025 年 8 月第 1 次印刷
书　　号	ISBN 978-7-308-25951-4
定　　价	88.00 元

向革命老区人民群众学习致敬

自力更生 集资建桥 精神可贵

刘伯荣

中纪委原副书记刘锡荣（刘英之子）为刘英大桥题词

中共浙江省一大会址

马头岗村

王蒙

中国当代作家、原文化部部长王蒙题词

用好用活法专业

红色资源助推

以书振兴共苦同

富裕

癸卯年程渭山书

浙江省新四军历史研究会会长（浙江省人大常委会原副主任）　程渭山题词

向老区人民为革命做出的牺牲致敬

欢迎老区人民为革命做出的牺牲致敬

黄晓宁

二〇二二年十二月

上海市新四军历史研究会浙东浙南分会副会长黄晓宁（平阳革命先辈黄耕夫之子）题词

深刻缅怀马头岗革命英烈，永远铭记马头岗老区人民为革命作出的贡献！

郑海农

二〇二三年十一月

浙江医院主任医师郑海农（平阳革命先辈郑海啸孙子）题词

血脉赓续

中共浙江省一大会址乌头岗

癸卯秋 诗齐

上海市新四军历史研究会文教分会会员冯诗齐题词

中共浙江省第一次代表
大会会址之一——马头岗

中共浙江省第一次代表
大会会址之一——冠尖

中共浙江省第一次代表大会
马头岗会场

中共浙江省第一次代表大会纪念碑（1995 年拆除）

中共浙江省第一次代表大会纪念碑（2018 年新建）

中共浙江省第一次代表大会召开期间,保卫组办公和住宿旧址

中共浙江省第一次代表大会召开期间,中共浙南特委代表办公和住宿旧址

中共浙江省第一次代表大会召开期间,中共平阳县委办公和住宿旧址

中共浙江省第一次代表大会召开期间,翁吉忠夫妻腾出房间作为刘英的卧室与办公室

中共浙江省第一次代表大会召开期间，与会代表用餐食堂旧址

中共浙江省第一次代表大会召开期间哨所纪念地

2007年马头岗村党支部发起并集资兴建的刘英大桥

中共浙江省第一次代表大会代表饮用的古井　红军井

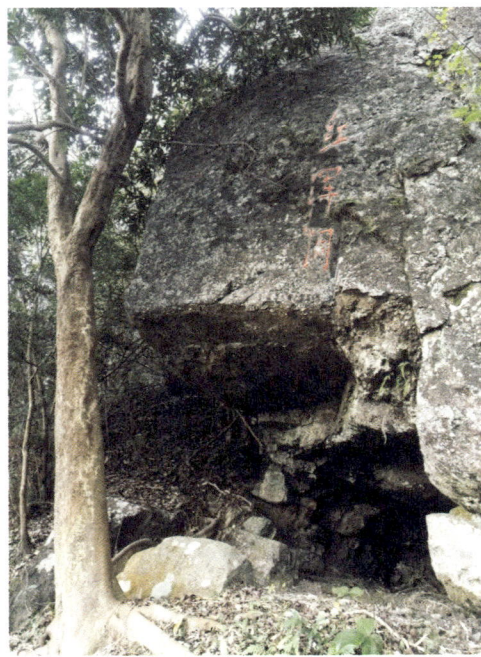

红军古道　红军洞

中共浙南特委原书记龙跃给马头岗村党支部的信

刘锡荣给翁吉忠老同志的信

中共浙江省第一次代表大会结束后，刘英赠送给翁吉忠的照片

刘英在闽浙边临时省军区政治部办公室书写的抗日救亡标语

翁吉忠　　　　　　　　翁吉忠捐献革命文物所获得的奖状和纪念证

2005 年，刘锡荣（左一）在马头岗与刘英铜像合影

2005 年，刘锡荣（右一）参观马头岗纪念室

2002年2月16日是春节过后的首个工作日，市委书记王建满和市委理论学习中心组成员在马头岗"省一大"原会场举行学习会，开展党员先进性教育活动。

2002年，时任中共温州市委书记王建满和市委理论学习中心组成员在中共浙江省第一次代表大会马头岗会场举行学习会，开展保持共产党员先进性教育活动

不忘初心牢记使命

马头岗村雕塑

龙跃（前排右一）、郑海啸（前排左一）和翁吉忠（后排右二）等合影

刘英忠魂舞

翁吉忠健在时，每天一大早都要把刘英铜像擦一遍，生怕染上灰尘

每年12月15日，翁老把党费用红纸包成红包，交给大儿子翁仁德，反复交代他："不要耽误了，按时交给党组织。"

翁吉忠（前排右三）交党费

翁吉忠（左一）与老农民亲切交谈

马头岗中共浙江省第一次代表大会会址展览厅一角

马头岗村文化礼堂

新建马头岗村办公楼

马头岗村办公楼会议室

序（一）

　　马头岗村党支部和村委会收集、整理革命历史资料，汇编成《红色马头岗》一书，用以缅怀革命先烈，继承和发扬光荣的革命传统，激励广大党员和人民群众投身中国特色社会主义建设伟大事业，这是很有意义的事。

　　1939 年 7 月，中共浙江省第一次代表大会召开，在浙江党的历史上写下了光辉的一页。这次大会总结了中共浙江省委重建以来的业绩，提出了浙江党组织在抗日战争中的方针、任务和斗争策略，对发展壮大党的力量，领导全省人民夺取抗日战争胜利乃至全国解放，有着重大的指导意义。

　　马头岗能作为中共浙江省第一次代表大会的会址之一，是马头岗村党支部和人民的光荣。

　　在新民主主义革命时期，马头岗村曾是我党开展革命斗争、反击国民党反动派的重要革命根据地。马头岗村的党员和群众为平阳人民的解放作出了重大的贡献，功不可没；其英勇奋斗的业绩、不怕牺牲的精神永垂不朽。

　　在那抗日战争和解放战争的艰难岁月里，马头岗小山村曾是我战斗和工作的地方。几十年过去了，许多人和事渐渐淡去，但是，对马头岗村我始终没有忘记：马头岗村的党员和群众为中共浙江省第一次代表大会的召开而奔忙，他们布置会场、站岗放哨、采购物资、保障后勤；马头岗村的党员和群众临危不惧，舍身保护革命同志；马头岗村的党员和群众挤出活命的一粒米、一把番薯丝，支援地下革命斗争；马头岗村的党员和群众坚定地跟党走，英勇地投入革命活动，翁吉星、翁浩晃、翁浩礼、翁吉居、郑克练等烈士把热血洒在大地上，他们是顶天立地的英雄。马头岗村党支部是坚不可摧的堡垒，马头岗村的党员是威武不屈的战士，马头岗村的革命群众令人钦佩、赞叹，是后人学习的楷模。

《红色马头岗》一书比较完整地展现了当年艰苦斗争的情景，真实生动，感人肺腑。这是一本既具有历史的真实性，又有可读性的好书。

不久前，马头岗村党支部和村委会嘱咐我为《红色马头岗》一书写序。我以为，至今亲历当年马头岗斗争的绝大部分同志已作古，我作为幸存者、知情者和见证者，是义不容辞的。

是为序。

郑子雄〔1〕

2013 年元月

---

〔1〕 郑子雄(1923—2016)，浙江平阳人。1937 年 7 月参加革命，中共浙江省第一次代表大会见证者。曾任中共平阳县委常委、县共青团书记兼县税务局局长，浙江医科大学党委常委、宣传部部长、统战部部长等职。1986 年离休后，享受正部级医疗待遇，任浙江省新四军历史研究会常务理事、宣讲团团长、浙南分会副会长等。

序（二）

中共浙江省第一次代表大会胜利召开，是浙江党的历史上具有里程碑意义的大事。它整合了当时 19000 多名党员坚持革命目标、坚持抗日民族统一战线的决心和勇气，它凝聚了全省共产党员力量为夺取革命胜利而奋斗，为中共七大的召开选出了浙江的代表，这在浙江党史上写下了庄严而神圣的一页。

在国民党统治区内召开这次会议是很不容易的。国民党顽固派对共产党领导的革命力量和根据地四面环伺，"清剿"不断。中共浙江省第一次代表大会的组织者刘英等同志精心选择在冠尖和马头岗召开会议，这体现了大无畏的精神，这是基于对当地党组织和革命群众的高度信任。

冠尖和马头岗的党组织与革命群众没有辜负使命。他们为大会做好了布置会场、站岗放哨、后勤保障等工作，为大会的召开竭尽全力，功不可没，在浙江党史上记下了浓重的一笔。

为了牢记初心，不负使命，弘扬革命传统，教育一代代后人，冠尖和马头岗建设了中共浙江省第一次代表大会纪念园，这是利在千秋、功在万代的大好事。马头岗村认真收集革命史实，编写革命故事，出版《红色马头岗》一书，意义重

大。嘱我写序,我不胜荣幸,欣然而惶恐地写下以上简短几
段话。

中共浙江省委原副书记　陈法文

2023 年 8 月

目 录

— 1 —

回忆文章

红色故事

领导来信

附　录

马头岗村革命斗争概述

翁仁德[1]

马头岗村位于平阳县西北部的山区,隶属凤卧镇,距离平阳县城 45 公里,背靠与文成、泰顺两县交界的满田大山。1949 年前,曾与凤林村是同一个村,1949 年后分为凤林、马头岗两个行政村。

马头岗村在海拔 300 米以上的山上,森林茂密、古木参天,山路陡峭、地势险峻。山岗上有一特大岩壁酷似马的头部,故村名马头岗。马头岗村包括马头岗、隔子山、大崎、龟龙背等 4 个自然村。清嘉庆年间,翁氏祖先从山下的吴潭桥村搬迁到马头岗,与郑、黄、陈、施、林诸姓同生息。中华人民共和国成立前,马头岗村有 30 多户人家,150 多人。

在国民党反动派层层盘剥之下,农民交不起地租和多如牛毛的税赋,不少人卖儿鬻女、四处逃荒。吃不饱、穿不暖的马头岗人民,对国民党的黑暗统治恨之入骨。早在 1930 年,在党的领导下,这里就成立了农会,掀起抗租抗税的斗争,一些觉悟了的农民积极分子参加了中共党员叶廷鹏等领导的浙南红军游击队。

1937 年,刘英、粟裕率领中国工农红军挺进师进驻凤卧乡凤林村后,马头岗人民的革命热情更加高涨。随后,翁吉

---

[1] 翁仁德,1940 年出生,凤卧马头岗人,1977 年加入中国共产党,曾任小南乡中心校校长兼党支部书记。

忠等人加入中国共产党,并在马头岗村建立了党支部。从此,马头岗村成为红军挺进师和浙南红军游击队的红色堡垒。

中共浙江省委根据党中央关于召开中共第七次全国代表大会的决议和通知以及东南局的指示,于1939年7月21日至30日在凤林的冠尖和马头岗召开中共浙江省第一次代表大会。冠尖的会场设在郑永暖家的单独房子(现名新楼),在此举办的主要活动有开幕式和闭幕式,以及刘英同志作政治报告和抗战以来的工作总结;马头岗会场设在翁吉忠房子左边的两间房子,小组会、两次大会发言以及选举在这里进行。中共浙江省第一次代表大会会址是刘英等同志亲自选定的,他们认为这里的地形好,可进可退,尤其是群众基础好,干部也很得力,这些都有利于会议的安全。中共浙江省第一次代表大会召开期间,马头岗村党支部在平阳县委的领导下,动员全村群众配合大会工作,为会议站岗放哨、采购生活用品,为确保大会的顺利召开做出了重大的贡献。

在国民党反动派的疯狂摧残下,在革命斗争的艰苦岁月里,面对白色恐怖,英雄的马头岗村人民坚信革命一定会取得胜利,他们前仆后继,始终不屈不挠地坚持斗争。他们不怕坐牢,不怕杀头,为革命同志送衣服、送粮食、送文件等,支持党的活动和武装斗争,先后有20多位青年农民参加革命队伍。

在对敌斗争中,马头岗村党员和群众谱写了一页页壮烈的篇章,付出了沉重的代价。房子被烧或被拆共20多间,20多人先后被捕。党员翁吉星、翁浩礼、翁吉居、翁浩晃、郑克练等先后为革命献出了自己宝贵的生命。翁吉星、郑克练为掩护革命同志而牺牲；翁浩晃为营救群众而英勇献身；翁浩礼因严守党的秘密被枪杀；翁吉居在战斗中献出性命。此外，还有黄文拱夫妇不顾安危掩藏枪支弹药而被捕；翁浩统、翁吉忠等冒着生命危险，在老虎洞里秘藏挺进师二纵队政委张文碧、浙南特委书记龙跃……他们顽强的革命斗争精神可歌可泣，千古永垂，永远鼓舞后人奋勇前进。

中华人民共和国成立后，马头岗村在党的领导下，人民生活水平逐步提高。特别是改革开放以来，靠党的好政策，在市场经济的浪潮中，不少群众走出家门，外出开店、经商、办企业。现在，全村共有 151 户、567 人，水田 225 亩、山地 112 亩、林地 880 亩、水果基地 150 多亩。中华人民共和国成立前，全村没有一个初中毕业生，而如今的马头岗村，高中生、大学生已经有 40 多人。

1994 年 7 月，为缅怀先烈、教育后人，由马头岗村党支部发起，老红军翁吉忠等党员带头，人民群众慷慨解囊筹资，整修了中共浙江省第一次代表大会会址马头岗村纪念室、村史展览室。同年 8 月，翁仁密提议，支部书记翁仁笋带头向各单位集资，兴建占地面积 200 平方米的中共浙江省第一次代表大会纪念碑一座。中共浙江省第一次代表大会秘书处工作人员邢子陶题写了碑名。省、市、县的老领导刘枫、郑嘉顺、郑子雄、黄李凤、黄青、廖义融、卢声亮、白希曾、王擎峰、胡孙节等参加了揭碑仪式。

2006 年 7 月，为了纪念省委书记刘英，马头岗村党支部发起在凤卧溪滩上建造通往中共浙江省第一次代表大会会址马头岗村的刘英大桥。党支部书记带头，不怕劳累辛苦，

— 3 —

外出集资,大桥于 2007 年 1 月竣工剪彩通车。

2018 年 10 月,为了迎接中共浙江省第一次代表大会召开 80 周年,马头岗村翁仁德、翁仁密、翁仁笋、翁仁煜、翁迪然等乡贤倡议,自力更生,不求补助,集资 15 万元在中共浙江省第一次代表大会哨所旧址兴建纪念门台一座。2019 年 3 月,翁仁密带头号召翁素珍、翁仁悴、翁仁聪、翁迪彬等乡贤出资重修中共浙江省第一次代表大会代表饮用水井,以缅怀中共浙江省第一次代表大会的丰功伟绩。随着纪念设施的不断兴建和完善,每年都有数以千计的群众、机关干部和学生等来瞻仰缅怀,在此受到深刻的革命传统教育和爱国主义教育。

而今,马头岗村党支部和村委会继承和发扬了光荣的革命传统,不忘初心、牢记使命,正带领全村群众为乡村振兴而接续奋斗,让马头岗村成为一颗永远闪耀的明星,让党旗在马头岗上空高高飘扬。

历史丰碑

中共浙江省第一次代表大会综述

曾林平[1]

1939 年 7 月,中共浙江省第一次代表大会在浙南基本地区平阳召开,这是新民主主义革命时期浙江党组织召开的唯一一次全省党代表大会。大会全面总结了中共浙江省委重建以来的工作,确定了今后的任务和党的工作方针,选举产生了新的浙江省委和浙江省出席中共七大的代表。中共浙江省第一次代表大会是浙江党的历史上一次非常重要的会议,具有特殊重要的地位。

一

浙江是中国共产党的诞生地之一,也是全国建立党组织较早的省份之一。早在中国共产党创建时期,一批浙江籍先进分子就积极参加建党活动,为党的建立作出了重大贡献。1921 年 8 月初,中国共产党第一次全国代表大会最后一天会议在嘉兴南湖举行,庄严宣告了中国共产党的诞生。1922 年 8 月,中共中央、上海地委兼区委、北京区委都派人到杭州开展建党活动。同年 9 月,浙江第一个党组织——中共杭州小组成立,共有党员 3 人,隶属中共上海地委兼区委领导。此

---

[1] 曾林平,1961 年出生,浙江玉环人,曾任中共浙江省委党史研究室《足迹》杂志副处级副主编、一处处长、二处处长、副主任等职。

后,绍兴、海门(今椒江)、温州、宁波、嘉兴、金华、定海、遂昌、衢州、湖州等地的党组织也相继建立,杭州、宁波、绍兴还建立了地委组织。到 1927 年 4 月上旬,全省党的组织已从 1 个(中共杭州小组)发展到 30 多个,党员从 3 人发展到 4000 余人。但这一时期,全省党组织还没有统一的领导机构,各地的党组织有的隶属党中央直接领导,有的隶属上海党组织领导。

"四一二"反革命政变后,浙江党的力量遭到很大损失。为了挽救革命,加强对浙江党的工作的领导,1927 年 6 月,根据中央的决定,以杭州地委为基础建立了中共浙江省委,这是浙江最早建立的省委组织。省委的成立,使全省党的组织有了统一的领导,推动了全省党组织的恢复和发展。到 1929 年 3 月,全省有 40 多个县建立了党的组织,党员 7000 余人。其间,省委曾于 1928 年 11 月作出决定,在当年 12 月底召开全省党的代表大会,并就准备召开全省党代会向中央作了报告。由于条件不成熟,没有得到中央的批准。

中共浙江省委成立后,一直处于严重的白色恐怖中,斗争环境极其险恶,省委机关多次遭到破坏,在不到两年的时间里先后担任省委书记或代理书记的有庄文恭、王家谟、张秋人、陈之一、夏曦、卓兰芳、龙大道、李硕勋、徐英、罗学瓒等10 人。其中张秋人、王家谟、卓兰芳、徐英、罗学瓒等人在浙江牺牲。1929 年 4 月,中共中央决定暂时取消浙江省委建制,划分 6 个中心区域,建立中心县(市)委,直属党中央领导。省委撤销后,实际先后建立了杭州、宁波、永嘉、台州、湖州、兰溪、永康、建德、东阳等 9 个中心县(市)委。但是,这些组织也先后遭到严重破坏。到 1932 年底,除少数地区尚有党组织活动外,全省大部分地区的党组织已被破坏殆尽。为了恢复浙江党的组织,1933年1月,中共中央决定在杭州建立中共浙江省临时工作委员会,但因不久书记被捕叛变,省临工委机关遭到破坏。

就在浙江内地的革命斗争遭到严重挫折的时候,浙赣、闽浙和浙皖边界的革命斗争方兴未艾,并迅速向浙江境内发展,在浙西的开化、江山、淳安等地建立的党组织,有特委、中心县委和县委等,分别隶属于中共赣东北省委、闽浙赣省委和皖浙赣省委及有关特委领导。1935年3月,红军挺进师进入浙江后,与闽东特委联合建立了中共闽浙边临时省委,刘英任书记,先后下辖中共浙西南特委、闽东特委、浙东特委、浙东南特委、浙南特委等5个特委。闽浙边临时省委成立不久,于1936年4月在安徽郎公山成立了由关英任书记的中共皖浙赣省委,省委下辖的下浙皖特委和浙皖特委机关都设在浙西,上浙皖特委在浙西境内也有活动。后来由于国民党的"围剿",浙西游击根据地全部丧失,这些地方的党组织都遭到破坏。

全民族抗日战争爆发后,在第二次国共合作和抗日救亡运动的推动下,浙江各地党组织很快得到恢复和发展。闽浙边临时省委把迅速恢复和重建党组织、壮大党的力量作为当务之急,积极巩固已有的各级党组织,发展新的组织。与此同时,驻南京的中共中央代表团及南京、上海、武汉的八路军办事处,各地新四军办事处及全国其他地方的党组织也陆续派党员来浙江工作,恢复和发展浙江党组织。1937年11月,中共浙江省临时工作委员会成立,1938年2月改为中共浙江省工作委员会,在省临工委和省工委的领导下,先后组建了浙东临时特委、台州临时工委和一批县级党组织。

在全省各地党组织纷纷恢复和发展的过程中,为了适应抗日战争的新形势,加强对分属不同系统的全省各地党组织的领导,成立统一的中共浙江省委已十分必要和非常紧迫。1938年3月,中共中央东南分局副书记兼组织部部长曾山到平阳山门,传达了中共中央长江局和东南分局的指示,成立中共浙江临时省委,待中央批准后转为正式省委。5月,中共浙江临时省委在平阳玉青岩村成立,同时撤销中共闽浙边临时省委和中共浙江省工委。9月,经中共中央批准,浙江临时省委转为正式省委,刘英任书记,省委先后下辖宁绍特委、浙南特委、金衢特委、处属特委、台属特委、浙西特委。中共浙江临时省委和省委建立后,认真贯彻中共中央和东南局的指示,大力发展党的组织,使全省党组织获得了大发展,各级党组织普遍建立起来。1939年春,周恩来视察浙江抗战,对浙江党的工作作了重要指示,对浙江党的组织建设和思想建设起到了积极的推动作用。到1939年7月中共浙江省第一次代表大会召开前夕,全省建立了55个县委或县工委,没有建立县委和县工委的县也有党的支部或党员的活动,有党员近2万人。

二

从1939年初开始,中共浙江省委根据中央的指示精神,为迎接中共七大的召开,积极筹备召开全省党的代表大会。

关于召开中共七大,早在 1937 年 12 月中央政治局就作过决议,决定"在最近时期内召集党的第七次全国代表大会","对于自党六次大会以来的革命斗争经验作一个基本的总结"[1],并决定成立由毛泽东任主席的第七次全国代表大会准备委员会。1938 年 11 月 6 日,中共六届六中全会通过决议,批准中央政治局关于召开中共七大的决定,准备在不久的将来召开中共七大,并提出了会议主要议程,初步分配了各地代表名额,规定各地代表由各地省的或区的代表大会选出,"尽可能作到用民主方法选举代表"[2]。根据中共中央和东南局的指示精神,浙江省委积极开展迎接中共七大的准备工作。1939 年 2 月 1 日,省委作出《关于第七次全国代表大会准备工作的决议》,号召"浙江全党同志加紧从政治上组织上来进行准备工作,加紧进行这个有极重大意义的第七次全国代表大会的宣传与选举工作"[3]。该决议要求全省各级党组织在中共七大召开以前的一段时间内,在党内广泛、积极地做好宣传工作和选举工作。各县委、特委都要召开党的代表大会,县党代会选举产生参加特委党代会的代

---

〔1〕《中央政治局关于准备召集党第七次全国代表大会的决议》(1937 年 12 月 13 日),《中共中央文件选集》第十一册,中共中央党校出版社 1991 年版,第 405 页。

〔2〕《中共扩大的六中全会关于召集第七次全国代表大会的决议》(1938 年 11 月 6 日),《中共中央文件选集》第十一册,中共中央党校出版社 1991 年版,第 775 页。

〔3〕《中共浙江省委关于第七次全国代表大会准备工作的决议》(1939 年 2 月 1 日),《浙江革命历史档案选编》(抗日战争时期上),浙江人民出版社 1987 年版,第 70 页。

表,再由特委党代会选举出参加全省党代表大会的代表。在此基础上,省委准备召开全省党代表大会,选举浙江省出席中共七大的代表。4月16日,省委在温州召开组织工作会议,检查各地贯彻省委《关于第七次全国代表大会准备工作的决议》的情况,并着重研究了召开全省党代表大会问题,决定在各特委召开党代会、选出参加全省党代会代表的基础上,召开全省党代表大会。

根据浙江省委关于中共七大准备工作的决议,全省各级党组织在4月至6月普遍开展了自上而下、自下而上的拥护党中央召开七大的宣传活动。各县党组织均于4月间召开了党代表大会,总结了本县党的各项工作,选出了参加本区党代表大会的代表。在此基础上,宁绍特委、金衢特委、浙南特委、处属特委、台属特委相继于5月至7月召开了党代表大会,总结各特委近年来的工作,确定各地今后党的工作任务,并选举了出席中共浙江省第一次代表大会的代表。

在各县、各特委相继召开党代表大会的基础上,1939年6月,浙江省委决定全省党代表大会于7月下旬在浙南基本地区平阳凤卧召开,并提出这次代表大会的目的和任务是:用马列主义总结自浙江临时省委成立一年多来的工作;在总结经验教训的基础上,克服党内存在的弱点与缺点,发扬优点;根据上级指示精神,结合浙江实际,讨论和决定今后浙江党的任务和总方针;总结浙江党执行抗日民族统一战线政策的成果,加强国共亲密合作,团结各抗日党派,动员全浙江人民参加一切抗战工作;民主选举新的省委领导机构;选举出席中共七大的浙江代表。省委还在凤卧乡的玉青岩村召开预备会议,为省第一次党代会做准备。中共浙江省第一次代表大会在平阳召开,是省委经过充分和认真考虑的。平阳基本地区人民有着光荣的革命斗争传统和坚实的政治基础。早在大革命时期,这里就开展了轰轰烈烈的群众运动,1928年就建立了县委组织。土地革命战争时期,在党的领导下,平阳人民反抗国民党反动统治的武装斗争持续不断。大革命时期加入中国共产党的叶廷鹏,在1932年浙南革命斗争遭受严重挫折、与党组织失去联系的情况下,仍在平阳农村继续坚持斗争。1935年冬,在叶廷鹏的领导下,在平阳北港成立了浙南红军游击队,以后又建立了中共浙南临时革命委员会,在平阳北港和瑞(安)平(阳)边开辟了一块纵横30余里的秘密工作地。

1935年底,刘英、粟裕率领红军挺进师转战于包括平阳在内的浙闽边区。1936年9月,粟裕率挺进师在瑞(安)平(阳)边与浙南红军游击队会师。1937年春,刘英率中共闽浙边临时省委机关来到平阳北港,以平阳为中心,领导浙南游击根据地的斗争。全民族抗日战争爆发后,活动在各地的红军挺进师陆续到平阳山门等地集中,并在此创办了抗日救亡干部学校和军政干部训练班,开展了轰轰烈烈的抗日救亡运动。1938年3月,中共中央东南分局副书记兼组织部部长曾山到平阳,指导浙江党的工作。5月,中共浙江临时省委在平阳建立。经过长期革命斗争的考验,平阳基本地区内党与群众关系亲密无间,与当地一些上层分子也有较好的统战关系。平阳是我们党在浙南的重要革命根据地。因此,省委决定在这里举行中共浙江省第一次代表大会。

中共浙南特委和平阳县委为会议的顺利召开做了大量的安全保卫和后勤保障工作。他们准备了凤卧的冠尖和马头岗两村作为会议场所;对大会的工作人员以及凤卧乡当地的干部、党员和基本群众进行保密和提高警惕教育;充分发动群众,及时掌握会场周边国民党军警及顽固分子的动态;调整交通联络点,负责接送代表安全到达和离开;加强与周围统战对象的联系,加强情报工作。为了减少人员往来,要求所有信件均由交通联络站转送,不得直接送到会场。对于代表所需的食品,也做了充分的储备。

三

1939年7月21日至30日,中国共产党浙江省第一次代表大会(原会议名称是中国共产党第七次全国代表大会浙江省代表大会)在平阳县凤卧乡的冠尖村和马头岗村两地召开。大会的开幕式、闭幕式以及刘英的政治报告和一次大会发言在冠尖村进行,小组会和两次大会发言及选举在马头岗村进行。

出席中共浙江省第一次代表大会的代表共26名,其中省委机关代表5名,刘英、薛尚实、汪光焕、吴毓、丁魁梅;浙南特委代表7名,龙跃、林辉山、郑海啸、陈平、孙经邃、孙绍奎、刘发羡(刘先);宁绍特委代表4名,杨思一、王文祥(高子清)、谢廷斋(肖岗)、魏文彦;台属特委代表3名,郑丹甫、周义群、林尧;金衢特委代表3名,林一心、王明扬、何霖(胡岩岁);处属特委代表3名,张麒麟、周源、傅振军;浙西特委代表1名,顾玉良。省委机关和浙南的部分干部程为昭、胡景珹、陈碧如、陈辉、杨雅欣、郑竟成、郭道款、郑贤塘等列席了大会。大革命时期入党的老党员叶廷鹏应邀以来宾身份出席会议,并在大会上发言。参加闭幕式的人则更多,浙南特委和平阳县委两机关的一些干部以及所在地的支部书记和支部委员也都参加了会议。

会议开幕时,一致选举毛泽东、朱德、周恩来、张闻天、秦邦宪、王稼祥、项英、曾山等人为大会名誉主席,一致选举刘英、薛尚实、汪光焕、龙跃、张麒麟、林一心、顾玉良、杨思一、郑丹甫、林辉山为大会主席团成员。

刘英在大会上致开幕词,并代表省委作政治报告和两年来浙江工作的书面总结。大会进行了两次汇报发言,除金衢特委和浙西特委因保密需要未作汇报外,浙南特委代表团团长龙跃作浙南特委工作汇报,处属特委代表团团长张麒麟作处属特委工作汇报,台属特委代表团团长郑丹甫作台属特委工作汇报,宁绍特委代表团成员谢廷斋作宁绍特委工作汇报。大会通过了《关于目前抗战形势与浙江党的任务的决议》《国际国内形势问题》《党的建设问题》《统一战线问题》《职工问题》《关于农民问题的讨论提纲》《对青年群众团体的领导问题》《妇女工作问题》和《告全浙民众书》等一系列文件。刘英在代表省委所作的政治报告中,分析了国内外政治形势,从政治、军事、经济、文化教育等方面概括了抗战以来浙江抗日民族统一战线所取得的成果,指出了浙江党组织所面临的各种问题和存在的缺点,提出了解决问题的办法和对策,部署了今后的任务。经过充分讨论,刘英的报告得到了大会的一致同意。

大会通过的《关于目前抗战形势与浙江党的任务的决议》充分肯定了两年来浙江党的工作,指出浙江党组织在中共中央东南局的正确领导下,在和平合作之前,坚持中央所给予的伟大任务,在艰苦工作中得到闽浙民众的爱护,保存了党的有生力量,建立了东南抗战的重要支点之一。当中央进行有历史意义的政策转变传达到浙江以后,浙江党能缜密而正确地与当局进行谈判,取得胜利,并推动汇合各地组织力量,扩大和巩固党的组织,动员民众参加一切抗战工作。

决议分析了当前正在急剧变化的浙江局势,指出:目前浙江政治形势的特点,将由抗战第一阶段的辅助地位,转向抗战相持阶段的主要地位。根据党的坚持抗战,坚持持久战,坚持巩固与扩大抗日民族统一战线的总方针和浙江目前形势,提出了浙江全党和全省人民当前的7项紧急任务:"第一,加紧全民动员,武装保卫沿海,保卫浙江,打退敌人的进攻。第二,加紧统一战线工作,克服磨擦,以推进国共两党更亲密的合作与全民族的更加团结。第三,加紧国民精神总动员,提高民族意识与战斗意志,克服悲观动摇情绪,反对妥协投降企图。第四,争取省、县参议会的民主,促进保民大会乡镇代表会的实施,以推进民主政治。第五,实施对敌经济封锁,发展自给自足的经济。第六,为增加战时生产,适当的改良民众生活,切实救济难民饥民与失学失业青年。第七,动员与组织广大工农、青年、妇女,发展民众团体,扩大民众运动,以积极参加各种抗战工作。"

为完成上述任务,决议号召全省共产党员应加倍努力,去执行大会的一切决议,并强调了加强党的团结的极端重要意义。决议指出,"浙江党应当绝对遵守扩大的六中全会,对党的团结,应提到非常重要地位的指示。因为中共内部的团结,在集中与发动一切有生力量,去作长期战争,是有决定意义的","是保证抗日战争民族统一战线向前巩固和扩大的最基本前提,同时也就是争取中华民族抗战胜利和实现建国大业的最重要条件"。决议要求各级领导机关与全体党员,在执行党的工作决定中,在思想上与组织上团结得像一个人一样,要爱护党和党的团结与统一,犹如自己的生命。决议最后号召全体党员要团结各业各界民众和各抗日党派,领导民众增长力量,克服困难,走上反攻阶段,在东南战场上树立雄伟的阵势,驱逐敌人,收复失地,摧毁一切伪政权,为建立新中国的伟业前进。[1]

大会通过的《告全浙民众书》呼吁:"要保卫我们的家乡,保卫我们的性命与财产,保卫我们的父母兄弟夫妻儿女不受敌军的奸淫掳掠与残杀,我们一定要坚持抗战,阻止敌人的进攻,并把野兽样凶残暴虐的敌军赶出中国去。""全浙江民众,国共两党及一切抗日党派的同志们,应该更加亲密的团结起来,大家齐心一致的向着凶顽的敌人瞄准、搏斗! 打退沿海沿江敌人的进攻,冲过钱塘江,收复杭、嘉、湖!"[2]

---

〔1〕《中共浙江省第一次代表大会关于目前抗战形势与浙江党的任务的决议》(1939年7月下旬),《浙江革命历史档案选编》(抗日战争时期上),浙江人民出版社1987年版,第125、129、130页。

〔2〕《中共浙江省第一次代表大会告全浙民众书》(1939年7月下旬),《浙江革命历史档案选编》(抗日战争时期上),浙江人民出版社1987年版,第178、179页。

　　大会以无记名投票的方式，选举产生了新的中共浙江省委，书记刘英，常委薛尚实、汪光焕，委员龙跃、张麒麟、郑丹甫、林辉山、刘清扬、顾玉良，候补委员杨思一、林一心。省委领导机构成员：组织部部长薛尚实，宣传部部长汪光焕，统战部部长和妇女运动委员会主任刘英（兼），青年运动委员会负责人郑嘉治，职工运动委员会负责人陈雨笠。

　　大会最后选举了出席中共七大的浙江代表 12 名，分别是刘英、汪光焕、龙跃、张麒麟、顾玉良、郑丹甫、林一心、杨思一、丁魁梅、林辉山、孙绍奎、刘发羡；林尧、谢廷斋等 3 人为候补代表。

　　大会圆满完成各项议程后，于 7 月 30 日胜利闭幕。刘英代表新的省委致闭幕词，要求代表们把会议的精神迅速传达到全省各级党组织，为完成会议提出的各项任务而努力奋斗。

　　中共浙江省第一次代表大会是在抗日战争由战略防御向战略相持转变的重要时期召开的，也是在国民党顽固派开始积极反共，在各地疯狂捕杀共产党人的严峻形势下召开的。会议对于统一和加强浙江党的领导，巩固党的组织，坚持团结抗日，作出了重要的贡献。但是会议对党的六届六中全会提出的独立自主地放手组织人民抗日武装、加强开辟浙西敌后抗日斗争，缺乏切实的部署；对国民党顽固派的反共行径和浙江已开始逆转的形势，缺少必要的应对措施。

　　会议结束后，各级党组织及时传达、学习和贯彻大会精神，对党员进行了一次普遍的组织观念教育和党性教育。但因国民党掀起反共高潮，浙江各地党组织转入隐蔽斗争，会议通过的大部分决议和措施未能真正实施。

四

中共浙江省第一次代表大会结束后,省委常委经过酝酿,考虑到主要干部都去延安参加中共七大,会影响浙江工作,决定汪光焕、龙跃、顾玉良留在浙江坚持工作;考虑到丁魁梅因怀孕不能去延安,决定由候补代表谢廷斋参加。10月17日,刘英等9位代表从丽水动身去皖南中共中央东南局集中。代表团到达东南局不久,接到中共中央来电,谓时局逆转,刘英不能离开浙江。刘英在征得东南局同意后,带领杨思一、张麒麟、郑丹甫3名特委书记回浙江;其余5名代表由林一心率领前往延安。他们跋山涉水,穿越日伪的多道封锁线,辗转经年,艰苦备尝,于1940年12月16日到达党中央所在地延安,并作为浙江代表参加了1945年4月至6月在延安召开的中共第七次全国代表大会,完成了中共浙江省第一次代表大会赋予的光荣使命。

中共浙江省第一次代表大会结束不久,1939年冬到1940年春,国民党顽固派便在全国范围内掀起了第一次反共高潮,浙江国共合作的抗日民族统一战线遭到严重破坏。大批共产党人和革命群众遭到逮捕和杀害。面对国民党顽固派不断掀起的反共逆流,中共浙江省委根据中共中央提出的"坚持抗战,反对投降;坚持团结,反对分裂;坚持进步,反对倒退"的三大政治口号,采取了相应的措施。将秘密工作与公开工作相分离,并主动撤退、转移一批面目较红的干部和知名进步人士。运用合法手段开展抗争,反对国民党顽固派随意限制与无理封闭民众救亡团体、进步刊物、逮捕抗日进步分子。同时，对全省党的特委组织做了必要的调整。

随着国民党顽固派反共活动的不断加剧与时局的进一步逆转，1940年10月，中共中央东南局召集闽浙两省部分干部会议，传达了中央关于在国民党统治区"荫蔽精干，长期埋伏，积蓄力量，以待时机"的指示，并决定将党委制改为单线领导的特派员制。根据中共中央和东南局指示精神，省委先后将大部分特委和县委、县工委改为特派员制。

1941年4月，浙江省委机关从丽水迁回温州。5月，中央任命刘英为中共中央华中局委员；7月，任命刘英为华中局特派员，负责指挥闽浙赣三地区党的工作。为此，刘英决定在1942年春节后将省委机关迁到闽浙赣三省边境的福建浦城，在这之前于温州召开各特委负责人会议，布置省委机关撤离温州后全省党的工作。但就在刘英准备召开特委负责人会议之际，由于叛徒出卖，1942年2月8日，刘英在温州被捕，省委机关遭破坏。5月18日，刘英在永康方岩英勇牺牲。自省委机关被破坏至浙江解放，浙江一直没有省委组织。

中共浙江省委机关遭破坏后，华中局对浙江党组织发出紧急指示，要求各特委独立坚持基本地区，保存实力和组织，并重申了隐蔽精干的斗争方针。全省各地党组织在失去省委领导的情况下，顽强地独立坚持斗争，保存了党的力量，并设法与上级党组织取得联系，使浙江党组织在抗日战争中得到了发展壮大，最终迎来了新民主主义革命的伟大胜利。

刘英在中共浙江省
第一次代表大会上的政治报告

（1939 年 7 月下旬）

一、目前国内外政治形势（略）

二、浙江政治形势

目前浙江的形势是正在变动中，抗战第一阶段的时候，东南只处在辅助地位，而今天则已转到主要的地位。因为在第一阶段的时候，日寇的主要企图是削弱我主力，占领我大城市一举而灭亡中国，所以着重向华中西南与西北猛进，而现在则因攻势衰退，采取了相机进攻及巩固占领地的所谓"以战养战"的方针，因此自从南昌失陷以后，东南的地位就日渐转变［得重要］〔1〕起来。

（一）浙江形势〈的〉转到主要的地位，表现在：

1. 敌人在沿海占领了定海，窜登温岭与玉环，并加紧骚扰温州、宁波、瑞安、平阳、乐清一带，抢劫商轮与封锁沿海，在富春江北岸亦不断炮击萧山等地，并在浙西作较大规模的

---

〔1〕 "［ ］"表示加字，"〔 〕"表示改字，"〈 〉"表示删字。此类修改标记为原书所加，本书照录。

军事行动。

2.大批敌机的轰炸,这与第一期中有很大的不同,过去还只是零星骚扰,现在却是大规模的不断的轰炸本省的主要城市,这是敌人扰乱我抗战后方的人心,破坏我后方经济的有计划的企图。

3.汉奸托匪亲日派的活跃,这从宁波、温州等处托匪的活动,台属、处属、闽浙边汉奸托匪们组织的土匪的活动,海门敌舰骚扰时汉奸的纵火,以及以某些顽固分子为依据的暗藏奸徒在各地的活动,都可得到说明。在这种转变的形势中,我们来分析一下浙江的政治情况,是很必要的。

(二)在进步方面,政治上是表现在:

1.1938年2月省政府颁布了战时政治纲领,在里面规定了战时重要的施政方针,及民主政治的初步实施,这是浙江的一个重要进步。

2.各县行政机构的调整,如先进县长区长的任用,信任与提拔了部分先进青年来担任职务及惩办与撤换贪污分子等等。

3.保民大会开始普遍的举行,及乡镇保甲制度的改革,现在省政府已明白规定保民大会不但可以提出问题,而且可以建议,可以组织特种委员会,可以撤换和改造〔选〕保甲长,及对年高的、贪污的乡保甲长的调换,与待遇的相当提高等。

4.组织各县及省直属的政治工作队。根据统计,全省队员已有二千余人。他们大都是热血的青年,在各地经常的做宣传动员和组织民众参加各种抗战的工作,赞助召集保民大会,解释政府法令及改善民众生活的工作。这对浙江各种抗战工作的确起了极大的推动作用。

5.举办了各种政治军事青年妇女等干部训练班，受训出来的干部现在已有万人左右，此外如乡保甲长训练班和民众自动组织的训练班等还不计在内。这也是一个很大的进步。

6.省参议会的召集。省参议会通过了浙江省二十八年度七大施政方针，对政府坚持抗战方面给了许多很好的建议，并决议在年内成立各县参议会。

7.民众运动相当活跃。在各处我们都能看到各种救亡团体的活动与职业团体的活动，这一方面是由于人民的努力，另方面也是由于民众运动在浙江的比较自由。

（三）在军事上的进步，是表现在：

1.地方武装半武装组织相当的普遍。如纠察队、任务队、战时服务队、后备队等在全浙各地差不多都已个别的建立起来。这些组织，一方面训练了民众，一方面就是战士〔时〕武装组织的补充队伍。

2.全省地方自卫团队的建立。全省及各县国民抗敌自卫团队建立，这对民间武装相当多的浙江，在抗战上是有重大意义的。现在经常〔性的〕抗日自卫团队全省已有××万人。

3.军队中政治工作制度和文化娱乐工作的初步建立，及某些新部队中连队政治指导员的设立，这对加强士兵民族意识与抗战情绪，消除官兵间的隔阂，及提高部队的战斗力上面，是非常迫切需要的。

4.扩大兵役运动及优待出征军人家属，都已在逐步实施中。现在自动应征的志愿兵役较前更为踊跃，这一年来全浙的自愿兵就至少有×千人以上。同时在优待出征军人家属上,已有进一步的切实实施,如缓役免捐及发给安家费与经常的津贴及慰问等。

5.各种的地方营、妇女营、青年营及军事训练班的建立。自抗战以来,在浙江几个主要城市及主要地区里已相当普遍,如绍兴、金华、温州、丽水等地都有设立。

6.军事工业的创办,尤其是浙江建军上的一大成绩。现在政府正在尽量做到军需品自给的原则,在浙江抗敌后方的××等地,已有×××等的军事工厂可以供给部分的武器。

7.对沦陷区武装动员工作,比前有更大的进展,如浙西汉奸武装的清除,各种游击队的整理与统一领导,以及一部分军队有计划的深入浙西前线与敌后方,阻止与牵制着敌人的继续向前进攻与深入。

(四)在经济上的进步,表现在:

1.物产调整处的设立。对农产品及其他商品运输的调剂,以及对茶、桐等出产开始大规模的放款,使重要出产的输出,茶农桐农的生活都有相当的增进和改善。

2.发展和奖励手工业。如各种手工业指导所的建立,平民织袜厂、难民工厂的开办,特别是处属数县对手工业合作事业等的积极提倡与奖励是已得到较大的成绩。

3.对生产和消费合作社的奖励及帮助。如宁绍、处属、温属各地合作社相当普遍的建立,合作金库的专办合作放款,及最近茶农合作社有计划的建立等等。

4.在浙江抗日后方轻重工业的创办,如织布厂、染织厂、发电厂、机械厂不断的建立等等。

5.春耕冬耕及垦荒运动的开展。如去年云和、遂昌、龙泉垦荒十万亩以上及政府对春耕冬耕的帮助等就是证明。

6.二五减租,在许多地区相当普遍的实行。如绍属诸暨、余姚,乐〔处〕属云和、龙泉、遂昌,而尤其是温属各处,有着很大的成绩。

7.省政府对经济财政政策的确定,如火柴香烟的公卖公营,进出口主要货物的专买专卖与商品的专运。这对浙江经济财政的独立与自给自足,是有着重大意义的。

(五)在文化教育上的进步,表现在:

1.书报刊物出版贩卖比较自由。如抗战以来先进刊物报纸在浙江出版的至少有百种左右,新书店开办的有几十家,先进书籍的销路更是广泛,这在他省说来,是很难做到的。

2.各种学校的创办和转移,如英士大学的创办,联合中学和浙西临时中学的设立,高中、初中、师范的迁移,以及偏僻县份穷乡僻壤间公私学校的设立等。

3.教育行政方面。现在全省划成五个教区,并把各中学小学教员分期轮流加以训练,这对战时教育的推进〈上〉,也是很好的措置〔施〕。

4.对沦陷区域文化教育的注意。如民族日报、浙西日报及其他刊物的创办,快报供应社的设立以及每日输送几千份其他的报纸刊物到前线到沦陷区去等等。

(六)所以浙江无论在军事、政治、经济、文化各方面,它都有长足的进步,这是无可否认的。但同时,〈它〉也有着它的缺点,这主要表现在:

1.当局对抗日民族统一战线还没有清楚认识,党政军不能很好团结一致来加紧抗战工作,门户的成见尚深,对共产党员及进步的国民党员有些地方仍发现威胁、逮捕甚至暗杀等事件。如诸暨党部特派员傅文象、民教馆长黄日初及抗卫会委员王静安、徐季绪等国民党进步分子的被暗杀,以及在温州、金华、宁波、浦江、汤溪各地共产党员的被逮捕被监禁等〈事实〉。

2.最近对文化教育事业的控制与摧残。如生活、新知等书店的被封,《东南战线》等先进杂志的被禁及进步救亡团体的被解散,这样摧残抗战文化事业,实是极可痛心的事,在浙江抗战上更是一个很大的损失。

3.对积极从事抗战工作的进步的官吏的撤换,如诸暨、遂昌、云和等县的县长,及其他进步的公务人员,最近都遭到了很多的调换。

但有人根据〈了〉这个理由,以为"统一战线首先要在浙江破裂了","革命的低潮到来了",因此就说:"工作不好做,要调动工作了",这是完全不对的。

上面已经说明,浙江在抗战上在统一战线上,整个说来,是有很大的进步的,最近这些不良倾向,却只是局部的、一时的,是统一战线进程中或多或少总难完全避免的现象。浙江是中国的一部分,在整个中国抗日民族统一战线〈中〉的进展中,这些现象更是局部的局部,我们没有任何理由,可以在这些"局部的局部"的波折中得出"统一战线破裂"和"革命低潮"到来的结论。

我们确信,这些跟着抗战新阶段而到来的困难,必然会跟着抗战的进展而被不断克服。同时我们也必须明白,这些缺点还不能把他〔它〕减到最低限度,我们自己在某些地方对策略方针运用的不灵活不妥当,也是其中一个重要原因。

那么怎样来克服这些缺点呢?

(1)应当对新的形势、新的环境有清楚的估计和明确的认识,明白目前是处在什么阶段,可能发生什么困难,要怎样迎接困难,如何克服?

(2)要加强统一战线工作。对友党的缺点,应当经〔通〕过各种关系,三翻〔番〕四次的、四面八方的去加以说服推动。我们要明白他们是在抗战,整个说来是进步的,只要我们能够和他们建立正常关系,有远大眼光,不但明白对方的缺点,而且明白自己的缺点,用一切可能的办法去减少磨擦,做到互助互让、诚心诚意、真正手携手的把一切力量都放到战胜日寇的上面去。

(3)在有利于抗战的原则下,对某些极少数顽固不化的分子,当一切说服推动办法完全绝望以后,我们应用广大群众力量及争取进步的与中立的分子的办法来孤立他,影响与教育他。并以此来教育同志和广大群众。

(4)要彻底转变我们的工作作风,严格遵守不暴露、不刺激、不威胁的三不政策,一切出风头,想迁移到好的环境中去,以及不肯埋头苦干的倾向都应该彻底克服。

(5)要严密党的组织,加紧党的教育,把〔用〕统一战线的理论和实际,不但教育全党同志,而且教育广大的群众。我们要抓紧过去实际工作中血的教训来警惕全党,使一切错误不再重复。

三、我们今后的任务

我们今后的任务总的分成七点：

第一，加紧全民动员，武装保卫沿海，保卫浙江，打退敌人的进攻。

在目前浙江的紧张环境下针对着敌人在定海、玉环、温岭的登陆与继续进攻沿海各地，我们全浙人民的紧急任务就在于协助政府和军队加紧动员民众参加军队作战，以武装保卫沿海并广大〔泛〕开展浙西游击战争，打退敌人的进攻。因此：

1. 必须调集大量军队充实沿海防务并积极抵抗敌人在沿海的进攻，打退已登陆的敌军，夺回温岭、玉环与定海的失地。

2. 必须积极动员群众参加军队并协助人民组织广泛的游击队，实行全民武装与保卫家乡的工作。

3. 必须在军队中认真实施民族革命的政治工作，并改善士兵待遇，提高全军英勇奋斗、持久苦战的精神及与民相亲的作风。

4. 疏散沿海密集的人口，移植到内地后方并迁移沿海城市工厂实业，实行坚壁清野，以免人力物力资敌及遭敌人的摧毁与蹂躏。

5. 必须广〔扩〕大发展浙西游击战争，广泛组织沦陷区民众参加游击队，以破坏敌伪政权并牵制大量敌军，阻止敌人的进攻。

第二,加紧统一战线工作,克服磨擦,以推进国共合作与全民族的更加团结。

因为在目前形势下,〈一面〉敌人正集中力量进行破坏国共合作与全国团结的政治阴谋,〈一面无论〉[全]国〈内〉与浙江国共两党的磨擦是增加了,并在政治上局部的表现着逆流的现象。因此我们的第二个任务是在于拥护蒋委员长与政府,拥护国共两党的亲密合作与全民族的团结,揭破日寇汪逆的一切政治分化阴谋,反对任何汉奸傀儡政府〈的〉统治中国。为此目的,我们必须克服过去的作风,做到不突出、不暴露、不刺激、不威胁的地步,并加紧统一战线工作,以调节与增进国共两党的关系。同时,在共同抗战建国的原则下,本着互助互让的友爱精神,减少磨擦,减少意见分歧与纠正某些曲折的逆流现象,并要号召全体人民严密注意敌人托派亲日派汪逆汉奸与某些顽固分子在我们内部挑拨离间制造不满、制造磨擦的阴谋鬼〔诡〕计,从加紧肃清汉奸的工作中给以最大的打击。

第三,加紧国民精神总动员,提高民族意识与战斗意志,克服悲观动摇情绪,反对投降企图。

目前,浙江在新的变动形势下,必然有一部分人,因敌人在沿海的登陆与某些城市的被占领,而发生对持久抗战动摇悲观与失望的情绪。因此,我们的第三个基本任务是:在于加紧国民精神总动员,提高自信自尊的民族意识与战斗意志,克服一部分人的悲观动摇与失败情绪,扩大和加强全国人民对持久抗战的决心与胜利的信心,反对一切投降妥协的企图。为此目的:

1.必须动员各种民众团体、报纸、刊物、学校、军队与政府机关切实推行国民精神总动员。

2.广泛进行主张抗战到底，反对投降妥协，克服悲观动摇情绪，加紧全民团结的宣传鼓动工作，反复指明最后胜利的可能性与必然性，指明妥协就是灭亡，抗战才有出路。

3.要说明目前战局的某些大小胜利，汪逆汉奸投降妥协阴谋的失败，军事、政治、经济上的某些进步与克服困难战胜日寇的方法等。

第四，争取省参议会的民主，促进保民大会的实施，以推进民主政治。

为适应抗战的迫切需要，加强全民族的团结与积极动员全民的一切生动力量，所以我们的第四个任务，就在于实行抗战时期必要的集中领导下的民主政治。但要在抗战中实行民主政治，必须实事求是的从实际设施方面着手。因此：

1.要努力争取省县参议会，使它成为真正代表民意的民意机关。

2.要充实保民大会的内容，实行民选乡保甲长并使它成为推行民主政治的基础。

3.要保障抗战建国纲领所规定的人民言论、出版、集会、结社、信仰等自由权的充分实施，并要推动广大群众反对随意限制与无理封闭民众救亡团体、书店、刊物，逮捕抗日前进分子的现象。

4.要促进改革各级行政机构，并纠正军事机关滥用法令等现象。

第五，实施对敌经济封锁，发展自给自足的经济。

在敌人对我加紧进攻,我之经济困难日益加重的情形下,我们的第五个任务就在于实行新的战时经济政策,加紧对[付]敌人的经济封锁与破坏,及发展自给自足的经济。具体的说,对[付]敌人的是:

1. 要使我们一切财产、物产、原料生产品不供给敌人,严厉实施对敌封锁与统制。

2. 要配合政府的法令与民众的积极自动实行抵制日货的运动。

3. 要对敌人的工厂、矿场与公路、铁路交通实施破坏,使敌无法开发我国经济,以达到它利用我国人力、物力、财力灭亡我中华民族的毒计。

另一方面要发展我们自己的经济,有计划的建立各种小规模械器工业,发展农业、手工业与合作事业,并执行节约和征募运动,以达到我们抗战经济自给自足的目的。

第六,改良民众生活,救济难民、饥民、失业工人与青年。

不改良民众生活,不使人民实际上知道国家政府的可爱,是不能够激发广大劳动人民的抗战热忱的,因此我们的第六个任务,是要配合抗战工作来进行各种改良民众生活的工作。

1. 要救济战区灾民难民及失业工人,特别是目前温州、宁波等地广大遭难工人、贫民与渔民。

2. 要救济各县山区里吃草根山土的饥民。

3. 要切实实施优待出征军人家属的条例。

4. 要普遍实行"二五减租"〔1〕。

5. 要铲除对盐民的种种剥削及改善他们的非人生活。

6. 要调剂粮食及日常必需品,评定物价。

第七,动员与组织广大工农青年、妇女,发展民众团体,扩大民众运动,积极参加各种抗战工作。

抗战现在正遇到新的困难,唯有动员广大民众积极参加各种抗战工作,才能有效的克服这些困难,因此我们的第七个任务,在于扩大各种民众运动并使之统一起来,全力援助战争,我们若没有普遍发展的并统一的民众运动,要支持长期抗战是不可能的。在这里:

1. 要做到保障一切抗日民众团体与民众抗日的自由,纠正一切以合法为名,其实则进行统制、包办与摧残、阻拦等现象。

2. 要健全与充实已有的民众团体,认真发动广大群众积极参加到这些工人、农民、青年、妇女与文化团体里去,并使这些团体依照地域与职业两原则建立起联合的统一的组织。

3. 将青年、妇女等按照其切身利益与特殊需要,组织各种群众团体,并动员参加各种抗战工作。

4. 在抗日救国的前提下,发挥各群众团体自己的作用,帮助政府与军队抗战。

上述七项紧急任务都要经过抗日民族统一战线,经过各党派、各阶层以至全民族,在拥护政府与蒋委员长的统一领导之下坚决实行起来。我们浙江党,应成为执行这些任务的

―――――――

〔1〕 二五减租,即以抗日前夕成立的租佃契约的约定租额为准,"一律减少百分之二十五(或不低于百分之二十五)"。

模范，成为动员全体民众坚决实行这些任务的先锋，要达到此目的与完成这一政治任务，就非发展与巩固我们的组织力量不可，所以发展与巩固我党的组织力量是完成这些任务的先决条件，它在这里是起着决定的作用的。

同志们！我的报告完了，我们为了要完成中共七全大会、浙江省代表大会有历史意义的战斗任务，必须发挥过去埋头苦干的精神，用最大的努力和决心，根据如上七个中心任务和各地具体环境适当配合起来，推动全党全民，使它迅速实现。我们确信当各位代表回去以后，各方面定有大踏步的转变和开展，我们确信只要我们正确的执行党的策略战线，钢铁般的团结一致，最后胜利一定是我们的。

（选自中共浙江省委党史研究室、中共温州市委党史研究室、中共平阳县委党史研究室编：《中共浙江省第一次代表大会》，中共党史出版社2007年版）

中共浙江省第一次代表大会
代表名单

省委机关	刘　英	薛尚实	汪光焕	吴　毓	丁魁梅
浙南特委	龙　跃	林辉山	郑海啸	陈　平	孙经邃
	孙绍奎	刘发羡			
宁绍特委	杨思一	王文祥	谢廷斋	魏文彦	
台属特委	郑丹甫	周义群	林　尧		
金衢特委	林一心	王明扬	何　霖		
处属特委	张麒麟	周　源	傅振军		
浙西特委	顾玉良				

中共浙江省第一次代表大会
列席人员名单

程为昭　胡景珹　陈碧如　陈　辉　杨雅欣
郑竟成　郭道款　郑贤塘　□□□

中共浙江省第一次代表大会
秘书处工作人员名单

刘清扬　邢子陶　郑嘉顺

中共浙江省第一次代表大会
选举产生的省委领导成员名单

书　　　记　刘　英

常　　　委　薛尚实　汪光焕

委　　　员　龙　跃　张麒麟　郑丹甫

　　　　　　林辉山　刘清扬　顾玉良

候 补 委 员　杨思一　林一心

组织部部长　薛尚实

宣传部部长　汪光焕

统战部部长　刘　英（兼）

统战部副部长　吴　毓

妇女运动委员会主任　刘　英（兼）

青年运动委员会负责人　郑嘉治

职工运动委员会负责人　陈雨笠

中共浙江省第一次代表大会选举产生的出席中共七大的代表名单

代　　表　　刘　英　　汪光焕　　龙　跃　　张麒麟　　顾玉良
　　　　　　郑丹甫　　林一心　　杨思一　　丁魁梅　　林辉山
　　　　　　孙绍奎　　刘发羡
候补代表　　林　尧　　谢廷斋　　□□□

中共浙江省第一次代表大会代表简介

刘 英

刘英（1905—1942），原名刘声沐，江西瑞金人。1929 年参加红军，同年加入中国共产党。在红军中先后担任红四军军部会计、连指导员、营政委、团政治部主任、团政委、师政委、军团政治部主任，参加了中央苏区 5 次反"围剿"斗争。1934 年 7 月，任中国工农红军北上抗日先遣队政治部主任；12 月，任红十军团军政委员会委员，率部转战于闽东、闽北、浙西南、浙西和皖南等地。北上抗日先遣队失败后，根据中央指示精神，组建中国工农红军挺进师，任政委。1935 年 3 月，与师长粟裕一起率部进入浙江开展游击战争。1935 年 11 月，中共闽浙边临时省委和临时省军区成立，任临时省委书记和临时省军区政委，坚持了浙南三年游击战争。全民族抗日战争爆发后，与国民党浙江省地方当局达成了和平协议，在浙江实现了第二次国共合作，并在全省范围内领导开展了抗日救亡运动。1938 年 5 月起，先后任中共浙江临时省委书记、省委书记,恢复和发展了全省党的组织。1939年7月,在平阳主持召开中共浙江省第一次代表大会,在会上当选为省委书记兼统战部部长、妇女运动委员会主任,还被选为浙江省出席中共七大的代表。10月,率出席中共七大的浙江代表团赴延安,在皖南中共中央东南局驻地待命期间,因形势逆转,接中央指示,返回浙江坚持斗争。1941年5月,任中共中央华中局委员,7月任华中局特派员,负责指挥浙江、福建、江西三地区党的工作。1942年2月8日,由于叛徒出卖,在温州被捕。同年5月18日,在永康方岩遭国民党杀害。

薛尚实

薛尚实(1902—1977),原名梁昌华,化名罗根、孔尚士等,广东梅县人。1926年秋赴上海大学学习,1927年参加上海工人第三次武装起义和广州起义。1928年加入中国共产党。先后在上海、天津、香港等地工作,曾任上海市工会联合会党团书记、全国总工会华北办事处主任、中共南方临时工委书记等职。全民族抗日战争爆发后,任中共南方工委组织部部长、广东省委常委兼组织部部长、中共中央东南局委员、福建省委常委兼组织部部长。1939年4月调浙江工作,同年7月,作为省委机关代表参加了在平阳召开的中共浙江省第一次代表大会,当选为省委常委兼组织部部长,同年

12月调离浙江。1940年1月后,转入新四军根据地工作,曾任中共中央东南局宣传部负责人、苏中区党委各界抗日联合总会主任、苏北区党委敌工部部长、胶东区党委宣传部部长兼秘书长。1949年5月,任中共青岛市委书记。中华人民共和国成立后,曾任中共青岛市委副书记、青岛市政协主席、上海市委委员、上海同济大学党委书记兼校长、上海市教育工会主席等职。

汪光焕

汪光焕(1912—1942),原名汪灼华,又名王易,安徽芜湖人。1933年在南京国立中央大学读书时加入中国共产党,曾任中共南京市委常委兼宣传部部长、上海各界抗日救亡会常务干事。全民族抗日战争爆发后,于1937年底调浙江工作。1938年5月,任中共浙江临时省委常委兼宣传部部长。同月到金衢地区整顿和建立党组织,组建了中共金衢特委,兼特委书记。9月,任中共浙江省委常委兼宣传部部长,但仍继续留在金华指导金衢特委的工作。1939年7月,作为省委机关代表参加在平阳召开的中共浙江省第一次代表大会,当选为省委常委兼宣传部部长,并被选为浙江省出席中共七大的代表。但因工作需要,没有随浙江代表团赴延安,继续留在浙江工作。1941年4月至5月,随刘英到浙南巡视工作。

7 月，被怀疑为"反党分子"，受拘押监管。1942 年 2 月 10 日，在浙南被错杀。1982 年平反。

吴 毓

吴毓（1911—1943），又名吴祖育，浙江平阳矾山（今属苍南县）人。1931 年加入中国共产党。1936 年 5 月，负责中共浙南临时革命委员会组织工作，9 月任中共浙南委员会委员。12 月，任中共中央与中共闽浙边临时省委的政治交通员。全民族抗日战争初期，曾作为中共闽浙边临时省委的首席代表与国民党浙江地方当局代表谈判，达成共同抗日协议。1937 年 9 月，受中共闽浙边临时省委委派，和龙跃一起赴南京，向八路军办事处汇报浙江国共和谈经过及浙南根据地情况。10 月，任闽浙边抗日游击总队驻温州办事处主任。1938 年 3 月，任新四军驻丽水办事处主任，成为中共浙江地方组织与国民党浙江当局之间的主要联络人。1939 年 4 月，任中共浙江省委统战工作领导小组组长。同年 7 月，作为省委机关代表参加在平阳召开的中共浙江省第一次代表大会，任省委统战部副部长。同年冬，兼任中共永（嘉）瑞（安）中心县委书记。1943 年 2 月，由浙南特委派遣去永嘉西楠溪，代表特委指导瓯（江）北、乐清两县党的工作。12 月，在永嘉、仙居交界处被土匪杀害。

丁魁梅

丁魁梅（1916—1986），女，浙江天台人。1935年考入浙江大学附设高工染织科，全民族抗日战争爆发后在家乡参加抗日救亡活动。1938年加入中国共产党，曾任中共天台县委妇女部部长、台属特委妇女部部长、浙江省委机要秘书。1939年7月，作为省委机关代表参加在平阳召开的中共浙江省第一次代表大会，在会上被选为浙江省出席中共七大的代表。但由于怀孕，未能赴延安参加中共七大。1942年刘英被捕后，从温州辗转至上海，向上级党组织汇报了有关情况。此后，曾任中共中央华中分局组织科科长、第三野战军后方总留守处政治组保卫科副科长、华东野战军妇女干部学校干部科科长。1949年随解放大军南下。中华人民共和国成立后，历任中共南京市委直属机关委员会副书记、江苏省轻工业局局长。1958年调浙江工作。先后任中共浙江省委组织部部务会议成员，浙江省轻工业厅副厅长，浙江省人事局党组副书记、副局长。

龙　跃

龙跃（1912—1995），原名龙兆丰，江西万载人。1930年参加红军，1933年加入中国共产党。1935年随红军挺进师进入浙江,历任红军挺进师政治连政委、中共浙南特委委员兼(福)鼎平(阳)中心县委书记、浙南军分区政治部主任、闽浙边临时省委委员、浙南特委书记等职。全民族抗日战争时期,一直任浙南特委书记。1938 年 5 月起,先后任中共浙江临时省委委员、省委委员。1939 年 7 月,作为浙南特委代表参加了在平阳召开的中共浙江省第一次代表大会,当选为省委委员,并被选为浙江省出席中共七大的代表。但因工作需要,没有赴延安参加中共七大,继续留在浙江坚持斗争。12 月,任中共浙江省委常委、组织部部长。1942 年 2 月省委机关遭破坏后,在与上级党组织失去联系的情况下,坚持浙南斗争,创建了浙南抗日游击区。解放战争时期,任中共闽浙赣区党(省)委常委、浙南特委书记、浙南地委书记、浙南游击纵队司令员兼政委。中华人民共和国成立后,历任中共浙江省委委员、温州地委书记、浙江省农民协会主任、上海汽轮机厂党委书记、上海工业生产委员会副主任、上海市政协副主席等职。

林辉山

林辉山(1906—1980),原名林上厅,浙江苍南人。1933 年参加革命,1934 年加入中国共产党。历任中共(福)鼎平(阳)中心县委宣传部部长、桐霞县委书记等职。全民族抗日战争爆发后,先后任中共闽浙边临时省委委员、鼎平县委书

记、浙江临时省委委员、浙江省委委员、福鼎县委书记等职。1939年1月，调任中共浙南特委组织部部长。7月，作为浙南特委代表参加在平阳召开的中共浙江省第一次代表大会，当选为省委委员，并被选为浙江省出席中共七大的代表。10月，离开浙江赴延安。1940年底到延安后，进马列学院和中央党校学习，参加延安整风运动。1945年4月至6月，作为华中代表团成员出席了中共七大。抗日战争胜利后，被派往东北工作，任中共辽南地委组织部部长、辽南省第五地委组织部部长等职。1949年南下浙江。中华人民共和国成立后，历任中共温州地委副书记、上海市委农工部部长兼组织部副部长、浙江省政协副主席、浙江省人大常委会副主任等职。

郑海啸

郑海啸（1900—1987），原名郑志权，曾化名侠山、小觉等，浙江平阳人。1927年参加革命，1933年加入中国共产党。曾组织北港区农民赤卫队，任队长。1936年开始，任中共平阳县委书记、瑞（安）平（阳）县委书记。1939年5月，任中共浙南特委常委。同年7月，作为浙南特委代表参加在平阳召开的中共浙江省第一次代表大会,并为会议做了大量的安全保卫和后勤保障工作,保证了大会的顺利进行。1940年至1942年,面对妻子、胞弟、女儿三位亲人先后牺牲和家中房屋被烧、祖坟被挖的情况,仍毫不畏惧,坚持斗争。解放战争时期,历任中共平阳县委书记、浙南特委常委、浙南地委常委、浙南行政公署副主席。浙南解放后,任平阳县人民政府筹备委员会主任、中共温州地委常委。后任温州专员公署专员、浙江省民政厅副厅长、浙江省政协常委等职。

陈　平

陈平(1915—1995),原名林辉,福建漳浦人。1934年就读于上海同济大学,在校期间加入共青团,曾任同济大学共青团支部书记。全民族抗日战争爆发后,随校迁到浙江金华,参加抗日救亡运动。1937年10月加入中国共产党。同年12月至1938年5月,任中共浙南特别工作委员会委员,后任中共云和县委书记。1939年5月,任中共浙南特委委员兼宣传部部长。7月,作为浙南特委代表参加在平阳召开的中共浙江省第一次代表大会。同年底在平阳被捕,关押在上饶集中营。1942年6月,参与组织赤石暴动,后脱险。曾于八九月间从闽北至云和寻找党组织,后辗转到苏南地区与党组织接上关系,1944年恢复党籍。历任苏南行署财经处生产科科

长、东北军工部第九办事处工程部部长等职。中华人民共和国成立后,任重工业部航空工业局副局长和二机部、一机部、三机部基建局副局长,国务院国防工业办公室基建局局长等职。

孙经邃

孙经邃(1917—1947),浙江瑞安人。1935年参与领导温州学生抗日救亡运动,1937年加入中国共产党。全民族抗日战争爆发后,参加领导永嘉战时青年服务团的抗日救亡活动。1938年10月任中共瑞安县委书记,1939年5月任中共浙南特委委员。7月,作为浙南特委代表参加在平阳召开的中共浙江省第一次代表大会。12月,任中共永(嘉)瑞(安)中心县委副书记。后任浙南特委秘书、纸山办事处副主任。其间,多次变卖家产,资助革命。1942年冬,受浙南特委指派到四明山,与浙东区党委取得联系。1945年3月,到乐清召开瓯(江)北、乐清两县主要领导干部会议,传达浙南特委关于成立瓯北中心县委和永乐人民抗日自卫游击总队的命令。1947年被错杀。1983年平反。

孙绍奎

孙绍奎（1917—1983），浙江永嘉（出生地今属温州市鹿城区）人。1937年加入中国共产党。全民族抗日战争爆发后，组织永嘉战时青年服务团，开展抗日救亡活动，建立温州第一个中共学生支部。1938年11月，任中共永嘉县委书记。1939年2月，任中共浙南青年运动委员会主任。6月，任中共浙南特委民运部部长。7月，作为浙南特委代表参加在平阳召开的中共浙江省第一次代表大会，被选为浙江省出席中共七大的代表。10月，随浙江代表团赴延安参加中共七大。1940年底到延安后，留在陕甘宁边区工作。1945年4月至6月，作为华中代表团成员，在延安参加了中共七大。解放战争时期，被派到东北工作。中华人民共和国成立后，先后任辽宁省本溪市市长，辽宁省计委副主任、科委副主任，辽宁省鞍山市副市长等职。

刘发羡

刘发羡（1915—1995），又名刘先，浙江平阳矾山（今属苍南县）人。1935年参加当地农民赤卫队，1936年参加红军挺进师，坚持浙南游击战争。1938年加入中国共产党，同年任中共（福）鼎平（阳）县委书记。1939年7月，作为中共浙南特

委代表参加在平阳召开的中共浙江省第一次代表大会,被选为浙江省出席中共七大的代表。10月,随浙江代表团赴延安参加中共七大。1940年底到延安后,进马列学院和中央党校学习,参加延安整风运动和大生产运动。1945年4月至6月,作为华中代表团成员在延安参加了中共七大。抗战胜利后,赴东北地区参加解放战争,历任沈阳市铁西区公安局副局长、黑龙江省铁力县委书记。中华人民共和国成立后,任黑龙江省林务局局长、哈尔滨森林工业管理局副局长、牡丹江专员公署副专员、大兴安岭特委第一副书记兼林管局局长、伊春特区党委第一副书记等职。

杨思一

杨思一(1901—1957),原名杨云亭,浙江诸暨人。1930年加入中国共产党。曾任中共吴兴中心县委委员。1938年2月起,先后任中共诸暨县工委书记、诸暨县委书记、宁绍特委宣传部部长、宁绍特委书记。1939年7月,作为宁绍特委代表参加在平阳召开的中共浙江省第一次代表大会,当选为省委候补委员,并被选为浙江省出席中共七大的代表。10月,随浙江代表团赴延安,但在皖南中共中央东南局驻地集中时,因局势逆转,根据中央指示,随刘英回浙江坚持斗争。1940年1月后任中共绍属特委书记、绍属特派员,领导开展抗日武装斗争。1942年7月中共浙东区党委成立后,任区党委委员兼组织部部长、会稽地委书记、金萧地委书记、金萧支队政委、浙东行政公署驻会稽地区特派员等职。1945年9月随浙东新四军北撤。先后任新四军第一纵队第三旅政治部主任、华东野战军第三师政委、华东野战军先遣纵队第一支队政委等职。1949年5月杭州解放后,出任中共杭州市委副书记,历任中共浙江省委组织部部长兼省委纪律检查委员会书记,省政协副主席、党组书记,省委常委、常务副省长等职。

王文祥

王文祥(1906—1945),原名高子清,浙江绍兴人。1926年在杭州之江大学就读时加入共青团,1927年加入中国共产党。曾任中共杭州中心市委委员、杭州行动委员会委员等职。1930年被捕,囚于浙江陆军监狱。1937年12月经党组织营救出狱,接上党组织关系。1938年2月,任中共浙江省工委委员,在金华、绍兴等地恢复和发展党组织。5月,中共宁绍特委成立后,任特委委员兼宣传部部长、组织部部长、副书记,一度代理书记职务。1939年7月,作为宁绍特委代表参加在平阳召开的中

共浙江省第一次代表大会。1940 年 1 月后任中共宁属特委书记、宁属特派员，在宁属地区组建抗日武装，与南下三北（余姚、慈溪、镇海三县姚江以北）地区的浦东抗日武装建立了联系。浙东区党委成立后，先后任中共四明工委书记、四明地委书记、浙东区党委杭甬沿线城市工作委员会书记等职。曾受浙东区党委的派遣，到国民党军队中做统战工作。1945 年 9 月随浙东新四军北撤。12 月在上海病逝。

谢廷斋

谢廷斋（1918—2005），又名肖岗，浙江余姚周巷（今属慈溪市）人。1937 年参加革命，1938 年加入中国共产党。1939 年 5 月，任中共余姚县委书记。同年 7 月，作为中共宁绍特委代表参加在平阳召开的中共浙江省第一次代表大会，在会上被选为浙江省出席中共七大的候补代表。10 月，随浙江代表团离浙赴延安参加中共七大。1940 年 12 月到达延安，进入中央党校学习。1945 年 4 月至 6 月，作为华中代表团成员参加了在延安召开的中共七大。解放战争期间被派往东北工作。东北解放后进军西南，任中共贵阳市委组织部部长、纪委书记等职。后赴苏联学习。回国后历任第一重型机器厂、沈阳重型机器厂、第二重型机器厂副厂长、总工程师、厂长，党委副书记、书记等职，1979 年任国家基本建设委员会机械局局长。

魏文彦

魏文彦（1912—1941），又名王志强，浙江诸暨人。1937 年加入中国共产党，1938 年 11 月，任中共诸暨县委书记。1939 年 7 月，作为宁绍特委代表参加在平阳召开的中共浙江省第一次代表大会。1940 年 1 月至 1941 年 1 月，任中共绍属特委委员兼组织部部长。1941 年被错杀。1984 年平反。

郑丹甫

郑丹甫（1910—1983），原名郑开墀，福建福鼎人。1933 年参加革命，1935 年参加红军，同年加入中国共产党。1936 年 6 月，任中共瑞（安）平（阳）泰（顺）中心县委书记兼浙南人民革命委员会主席。全民族抗日战争爆发后，历任中共闽浙边区委书记、浙南特委常委。1939 年 4 月，调任中共台属特委书记。7 月，作为台属特委代表参加在平阳召开的中共浙江省第一次代表大

会,当选为省委委员,并被选为浙江省出席中共七大的代表。10月从丽水出发准备赴延安,但到皖南中共中央东南局所在地后,因时局变化,随刘英回浙江坚持斗争。11月在平阳被捕,后被关入上饶集中营。1941年10月,越狱回到浙南,先后任浙南特委常委、浙闽边区委书记。解放战争时期,任浙南游击纵队副司令员、青(田)景(宁)丽(水)办事处主任、温州前线司令部司令员等职。温州解放后,任温州军管会主任。中华人民共和国成立后,曾任中共温州地委副书记、浙江省委农工部副部长、福建省水产局局长、福安地委书记、福建省林业厅厅长、福建省高级人民法院院长、福建省政协副主席等职。

周义群

周义群(生卒年不详),福建福鼎人。1938年5月至1939年2月,任中共浙南特委青年部部长。1939年3月,任中共台属特委委员兼秘书长。7月,作为台属特委代表参加在平阳召开的中共浙江省第一次代表大会。9月起,任中共浙南特委委员、(福)鼎平(阳)县委书记、(福)鼎平(阳)中心县委书记,后任中共浙江省委秘书。1942年2月8日,在温州被捕后叛变。

林 尧

林尧（1912—1987），又名陈成刚，曾用名林保康、杨文通等，浙江黄岩人。1937年加入中国共产党，任中共黄（岩）海（门）工委委员、海门特支书记。1938年5月，任中共临海县委书记；7月，任中共台属特委青年部部长。1939年2月后，任中共台属特委委员、常委、宣传部部长，主持举办台属青年运动干训班、妇女学习班等，培训党员骨干。7月，作为台属特委代表参加在平阳召开的中共浙江省第一次代表大会，在会上被选为浙江省出席中共七大的候补代表。1942年在三门被捕。1943年经党组织营救出狱，赴浙东抗日根据地工作。曾任浙东行政公署文教处学校教育科科长、浙东鲁迅学院教导主任等职。抗战胜利后随浙东新四军北撤，任华东党校第三支部书记、华东野战军第一纵队干部队支部书记等职。中华人民共和国成立后，历任浙江省委党校党委副书记、浙江医学院党委书记、浙江师范学院副院长、浙江教育学院顾问等职。

林一心

林一心（1912—2010），曾用名林多王、林有文等，福建永

春人。1930 年在上海做地下工作，1931 年加入中国共产党。曾任中共上海沪东区委组织部部长、区委书记。全民族抗日战争爆发后，奉命到浙江丽水做抗日宣传工作。1938 年夏秋，到金华、衢州等地整顿和发展党组织。曾任中共金衢特委常委兼宣传部部长、金华县工委书记、义乌县委书记。

1938 年 12 月，任中共金衢特委书记。1939 年 7 月，作为金衢特委代表参加在平阳召开的中共浙江省第一次代表大会，当选为省委候补委员，并被选为浙江省出席中共七大的代表。10 月，随团赴延安，1940 年 12 月到达延安，进入中央党校学习，参加整风运动。1945 年 4 月至 6 月，作为华中代表团成员参加在延安召开的中共七大。解放战争时期，被派往东北工作，任中共黑龙江省委委员、黑河地委书记等职。后随军南下回到福建工作。中华人民共和国成立后，历任中共厦门市委书记，福建省人民检察院检察长、省委组织部部长、省委书记处书记，国务院华侨事务委员会党组副书记兼政治部主任、国务院侨务办公室副主任等职。

王明扬

王明扬（1913—1942），又名王炳康，化名王平，浙江宁波人。1931 年加入中国共产党，曾任中共中央出版部发行科科长。1938 年 1 月调到浙江工作，7 月起任中共金衢特委常委、宣传部部长、组织部部长,兰溪中心县委书记,领导兰溪、建德、寿昌3县党的工作。12月,任中共金衢特委组织部部长。1939年7月,作为金衢特委代表参加在平阳召开的中共浙江省第一次代表大会。10月后,任中共金衢特委代理书记、书记,1940年7月,任金属特委书记。1941年,调浙江省委机关工作。曾任中共浙南特委组织部部长、浙闽边区办事处主任,领导(福)鼎平(阳)、福鼎、泰顺三县党的工作。1942年4月,在福建省福鼎县牺牲。

何　霖

何霖(1908—1988),原名胡岩岁,浙江永康人。1931年加入中国共产党。同年7月,任中共中央政治交通员,回永康县恢复党的组织,建立中共永康县工委。1932年10月,任中共永康中心县委书记。永康中心县委机关遭破坏后,于1933年3月受上海中央局派遣再次到永康,组建中共永康工委。1935年12月,因叛徒出卖被捕。全民族抗日战争爆发后获释,被派遣回浙江工作。1938年5月,任中共永康县委书记。1939年2月,任中共兰溪中心县委书记。7月,作为金衢

特委代表参加在平阳召开的中共浙江省第一次代表大会。后调苏南工作,任中共宜兴县委书记等职。解放战争时期曾任华东财委机关党委书记。中华人民共和国成立后,历任上海焦化厂党委书记兼厂长、上海市公用事业局组织部部长等职。

张麒麟

张麒麟(1912—1942),化名张潮,江西横峰人。1930年参加红军,同年加入中国共产党。1934年,随中国工农红军北上抗日先遣队转战浙闽赣皖,任连指导员。因在战斗中负伤,留在闽北养伤。1935年随红军挺进师入浙开展游击战争。1936年10月,任中共龙(泉)浦(城)县委书记。同年冬,在遂昌作战中再次负伤,到闽北浦城养伤,任建(瓯)松(溪)政(和)独立营营长兼政委。1937年12月,任中共浙西南特委书记,培训干部,发动群众,宣传抗日救亡,恢复党组织。1938年5月起,任中共浙江临时省委委员、浙江省委委员、处属特委书记。1939年7月,作为处属特委代表参加在平阳召开的中共浙江省第一次代表大会,当选为省委委员,并被选为浙江省出席中共七大的代表。10月,随浙江代表团赴延安,但在皖南东南局驻地接到中央指示,因时局发生变化,随刘英返回浙江坚持斗争。1940年6月,处属特委改为中共闽浙边委,任书记。1942年5月,因叛徒出卖,在遂昌牺牲。

周　源

周源（1915—1941），浙江余姚人。
1935年加入中国共产党。在上海从事
工人运动，后到难民收容所工作。
1938年4月，受党组织派遣，以难民工
作委员会的名义到浙江做抗日救亡工
作。5月，任中共处属特委委员、丽水
县委书记。以新知书店为掩护，多方
结识进步人士和革命青年，介绍进步
人士入党。1939年7月，作为处属特委代表参加在平阳召开
的中共浙江省第一次代表大会。11月，任处属特委组织部部
长。1940年6月后，任中共闽浙边委委员、组织部部长、龙
（泉）云（和）边县委书记，积极开辟龙（泉）丽（水）至浙南的地
下交通线。1941年1月，在龙泉牺牲。

傅振军

傅振军（1916—1999），江西宁都人。1934年参加红军，
同年编入红军北上抗日先遣队，因在战斗中负伤，留在福建
游击区养伤，伤愈后参加闽东红军独立师。1935年冬，编入
红军挺进师，任师部警卫员。1936年加入中国共产党。同年
7月，奉命随中共浙西南特委和挺进师第二纵队重返浙西南，
恢复游击根据地。1937年12月，任浙西南特委委员，以抗日

救亡武装工作团的名义在浙西南开展工作。1938年2月,兼任中共龙泉县委书记。1939年7月,作为处属特委代表参加在平阳召开的中共浙江省第一次代表大会。1940年6月后,任中共青(田)缙(云)丽(水)中心县委书记、处属特委代理书记。1942年中共浙江省委机关遭破坏后,失去上级领导,在浙西南地区独立坚持斗争。解放战争时期,任处属特委书记、浙江壮丁抗暴自救军第三总队政委、浙南人民解放军第三支队政委等职。中华人民共和国成立后,曾任中共丽水地区副书记、浙江省第七军分区司令员、华东纺织管理局副局长、上海市轻工业局党委副书记等职。

顾玉良

顾玉良(1904—1993),又名顾建业,上海嘉定人。1927年加入中国共产党。曾任中共中央内部交通员、内部交通科科长,中共交通局汕头交通站负责人等职。1933年6月被捕,1937年9月经八路军驻南京办事处交涉,获释出狱。1938年1月,受中共中央东南分局派遣,到浙江工作。先后任中共浙江省工委书记、浙江省委常委兼职工运动委员会负责人、宁绍特委书记。1939 年 2 月,受浙江省委派遣,组建中共浙西特委,任书记。7 月,作为浙西特委代表参加在平阳召开的中共浙江省第一次代表大会,当选为省委委员,并被选为浙江省出席中共七大的代表。但因工作需要,未去延安参加中共七大。1942 年,撤往苏南。曾任中共太滆地委委员、淮南路东地委组织部部长。1945 年 2 月,任随军工作团团长,随新四军南下浙西,先后任中共安吉县委书记、吴兴县委书记、浙西地委副书记等职。1945 年 10 月,随苏浙军区北撤山东解放区。历任华东支前委员会政治部副部长、中共中央华东局组织部干部科科长、华东党校二部副主任等职。中华人民共和国成立后,历任中共上海市委组织部副部长、上海市委党校副校长、上海教育学院院长等职。

刘锡荣[1]同志在纪念中共浙江省第一次代表大会召开70周年座谈会上的讲话

各位领导,各位老同志、老前辈、老领导,各位来宾,同志们:

在举国上下欢欣鼓舞迎接建国60周年之际,为了纪念中共浙江省第一次代表大会召开70周年,中共浙江省委、中共温州市委和中共平阳县委今天在平阳县隆重举行纪念活动,中共浙江省委书记赵洪祝同志十分重视,在百忙中亲临指导。我应邀出席并代表我姐姐刘小英及全家参加纪念活动,接受革命传统教育,缅怀革命先烈、先辈,拜望各位领导同志、老同志、老前辈、老领导、革命老区的父老乡亲及同志们,感到十分高兴,浙江省新四军历史研究会和全国、全省各市的领导同志和亲属代表专程与会,令人感动。在此我代表全体亲属表示衷心感谢!

1939年7月21日至30日,中共浙江省委根据中共中央六届六中全会的决议精神,为迎接中共七大召开,在浙南基本地区平阳县凤卧乡的冠尖和马头岗召开中共浙江省代表大会。当时会议名称是中国共产党第七次全国代表大会浙江省代表大会。

---

〔1〕 刘锡荣,1942年出生,刘英之子。1965年加入中国共产党。曾任温州市市长、中共温州市委书记,中共浙江省委副书记、纪委书记,中共中央纪委副书记,全国人大常委会法律工作委员会主任等职。

中共浙江省第一次代表大会能顺利召开与党中央和中共东南局亲切关怀、加强领导、直接指导是分不开的。1939年3月周恩来来浙江视察浙江抗战。在金华期间,周恩来先后约见了中共东南局副书记兼组织部部长曾山、东南局宣传部部长兼新四军驻南昌办事处主任黄道和我的父亲、时任浙江省委书记刘英等各位领导同志,周恩来听取了工作汇报,传达了党的六届六中全会精神,强调要坚持抗战,坚持持久战,坚持抗日民族统一战线,同时,要求大家对待国民党须有两手准备,要争取合法地位推动抗日,不要给国民党以制造摩擦的口实。4月5日,周恩来又召集我父亲和省委常委兼宣传部部长汪光焕、省委常委兼组织部部长薛尚实、省委委员兼浙南特委书记龙跃和省委统战部副部长吴毓开会。会上周恩来对浙江党的工作作了重要指示。他指出:浙江党组织经过大发展,今后要加强巩固工作,同时要加强党员教育工作。他还指出,浙江地理位置重要,要积极做好统战工作,对友党友军和其他党外人士合作共事要不浮不躁,不卑不亢,以自己廉洁奉公的模范作用,争取更多的人团结在一起工作。浙江省委把周恩来的讲话整理成文,并作出了《关于学习贯彻周恩来同志指示的决定》,在全省传达学习。周恩来的浙江之行,对巩固和发展浙江的抗日民族统一战线和抗日救亡运动,特别是对浙江党的组织建设和思想建设起到了积极的推动作用。到1939年7月,全省已有55个县建立了党的县委或工委,没有建立县委和工委的县也有了党的支部在那里开展工作,全省党员已达近两万人,为中共浙江省第一次代表大会的召开奠定了良好基础。在党的领导组织下,全省抗日救亡运动如火如荼,在全国影响很大。我父亲还派骆耕漠同志协助抗日英雄李友邦在浙江金华建立了台湾义勇队和义勇队少年团,并在队中发展党员,建立了中共支部。义勇队为抗战胜利作出了不可磨灭的贡献。对当时浙江省的工作,周恩来曾称赞:"在东南战场上,浙江是站在前进的地位,是值得其他各省效仿的。"浙南游击区是毛泽东著作中多次提到的南方八省坚持游击战争的十四个地区之一。

时任中共东南局副书记兼组织部部长曾山还深入温州平阳等革命老区检查指导工作,对党代会的各项准备工作进行具体细致的指导安排。曾山同志对革命老区群众工作基础之好印象深刻,并与时任中共平阳县委书记郑海啸结下了令人难以忘怀的革命情谊。县委书记郑海啸全家投身革命,一门三烈,令人敬仰。为了开好省党代会,老海伯伯将全县党员干部、游击队员、群众骨干组织动员起来,交通站接送代表,儿童团站岗放哨。老海伯伯亲自抓党代会的安全保卫和后勤工作。党代会轰轰烈烈开了十天,国民党反动派竟一点风声也没听到。2004年《郑海啸纪念文集》出版时,习近平同志和曾庆红同志还专门写信题字致意。王芳同志和薛驹同志题字称老海伯伯为"浙南劲松"。在新民主主义革命时期,中共省一级地下党组织召开党代会是极少的。中共浙江省第一次代表大会也是浙江省解放前唯一一次全省党代表大会,足见浙江工作基础之好。

和中共一大分上海和嘉兴两地召开一样,为安全起见,中共浙江省第一次代表大会也先后在平阳县冠尖和马头岗两地召开。我父亲刘英代表省委致开幕词,并代表省委作政治报告和两年来浙江工作的书面总结。各特委的代表也在大会上作了工作汇报。大会通过了《关于目前抗战形势与浙江党的任务的决议》和《国际国内形势问题》《党的建设问题》《统一战线问题》《职工问题》《关于农民问题的讨论提纲》《对青年群众团体的领导问题》《妇女工作问题》等一系列文件及《告全浙民众书》。

大会以无记名投票的方式选举产生了新的浙江省委。还选出浙江省出席中共七大的正式代表 12 人，候补代表 3 人。

省党代表大会结束后，省委常委经过酝酿，决定留下龙跃、汪光焕、顾玉良、丁魁梅等 4 位代表坚持工作。我父亲刘英率 9 名代表组成代表团，10 月 17 日从丽水动身去东南局集中。代表团到了皖南新四军军部后，即接到中共中央来电：由于国民党又一次掀起反共高潮，时局逆转，刘英不能离开浙江。我父亲当时非常向往革命圣地，会一会分别多年的领导和战友。但为了当时形势任务需要，坚决服从中央决定。我父亲在征得东南局的同意后，带领杨思一、张麒麟、郑丹甫 3 名特委书记返回浙江，其余 5 名代表林一心、林辉山、刘先、谢廷斋、孙绍奎由金衢特委书记林一心率领前往延安。他们跋山涉水，穿越日伪的多道封锁线，艰苦辗转一年多，于 1940 年 12 月 16 日到达党中央所在地延安。当时国民党反动派消极抗战，积极反共，1941 年发动了震惊中外的皖南事变。中共七大一直等到 1945 年才召开。党代表林辉山到病故前一直完好无损地珍藏着印有"二十排十五号"的七大代表证。70 年代，我有幸在林老身边工作几年，他的言传身教使我深切体会到他对党和人民无限忠诚的高尚情怀。

皖南事变后,国民党反动派变本加厉地迫害共产党人,镇压共产党领导的抗日运动。当时我父亲为悼念新四军阵亡将士和浙南牺牲的烈士写下了"生而为英,死而为灵,念我烈士,万古垂青"的诗句。就在第二年即1942年2月,我父亲在温州被国民党反动派逮捕。我父亲在狱中怒斥敌人,痛骂叛徒,鼓励难友,坚贞不屈,表现了共产党人的崇高气节。同年5月18日,父亲于永康方岩英勇就义,时年37岁。我父亲虽然牺牲了,但我父亲生前的战友、中共浙江省第一次代表大会的代表及广大党员干部、指战员和革命群众,化悲痛为力量,继续浴血奋战。当年随粟裕将军和我父亲从挺进师转战浙南的省委委员、特委书记、中共七大代表龙跃同志和郑丹甫同志等领导浙南游击纵队和浙南广大人民进行了艰苦卓绝的游击战争。浙南游击纵队发展了上万人的武装力量,解放了浙南各县城,争取了温州叶芳和平起义,使解放区连成一片,迎接南下解放军二十一军的到来。当年参加中共浙江省第一次代表大会的代表,有的光荣牺牲,献出了宝贵的生命;有些坚持到了全国解放,在各条战线继续为党和人民工作。今天,当年中共浙江省第一次代表大会代表中仅97岁高龄的林一心同志还健在。他们为革命事业所作的贡献将永远铭刻在党和共和国的史册上,人民永远不会忘记他们。

今天的胜利来之不易,是千百万革命先烈、先辈用生命和热血换来的,仅浙江解放前11位中共省委书记(代理书记)中就有9位先后英勇牺牲。胡锦涛同志在纪念抗日战争胜利60周年大会上号召全党全国人民牢记历史,不忘过去,珍爱和平,开创未来,更好地推进全面建设小康社会,实现中华民族伟大复兴的光辉事业,更好地促进人类和平与发展的崇高事业。

我们作为亲属和后来人,一定要继承先辈先烈的遗志,学习和弘扬他们的优秀品德和作风,完成前人未竟的事业,同时教育好子女,使我党的优良传统和作风代代相传。

我们这些亲属代表无论在浙江工作生活,还是远在全国各地,都非常关心浙江发展。我们高兴地看到在历届中共浙江省委的领导下,浙江解放 60 年来,特别是在改革开放 30 年来,以邓小平理论和"三个代表"重要思想为指导,深入学习贯彻落实科学发展观,全面推进社会主义经济建设、政治建设、文化建设、社会建设以及生态文明建设各事业都取得了可喜的成就。今年在北京听了省委书记赵洪祝同志在浙江经济社会发展情况汇报会上的介绍,备受鼓舞。浙江省的人均生产总值和城镇农村居民人均纯收入在全国除直辖市外各省区市中名列前茅。更难能可贵的是,浙江省的基尼系数在全国是最低的,说明浙江兼顾公平和效率,全民动手国营民营一起上,走上了共同富裕的道路,成就喜人,路线正确,这是对革命先辈先烈最好的告慰和纪念。我们坚信浙江省委高举中国特色社会主义伟大旗帜,认真贯彻党的十七大精神,以开展深入学习实践科学发展观活动为契机,进一步加强党的自身思想、组织、作风建设,提高执政能力水平,省委向全省人民提出的深入实施"创业富民,创新强省"总战略,全面启动"全面小康六大行动计划"〔1〕就一定能够实现。

最后,我再次代表亲属,向各位党政军领导同志,向与会的各位老同志、老前辈、老领导和同志们表示衷心的感谢和诚挚的敬意。并请各位代表我们向所有健在老同志、老领导、老前辈及革命老区的父老乡亲转致亲切问候,祝大家工作顺利,身体健康,阖家幸福! 谢谢!

(原载中共浙江省委党史研究室刊物《足迹》,2009 年第4 期)

---

〔1〕 全面小康六大行动计划:自主创新能力提升行动计划、重大项目建设行动计划、资源节约与环境保护行动计划、基本公共服务均等化行动计划、低收入群众增收行动计划、公民权益依法保障行动计划。

中共浙江省第一次代表大会
代表群体结构分析及其当代启示

黄信良[1]

摘要: 本文从年龄党龄、学历经历、籍贯与任职地、家庭出身等方面对中共浙江省第一次代表大会代表群体作结构分析,可为后人了解浙江党组织的建设史、斗争史提供一个独特的视角,也可为当今我们党的建设提供一些启示。

关键词: 中共浙江省第一次代表大会　代表　结构分析

1939 年 7 月 21 日至 30 日,中共浙江省第一次代表大会在浙江平阳县凤卧乡的冠尖和马头岗两地召开,这次大会是 1922 年 9 月浙江建立党组织后的第一次,也是新民主主义革命时期浙江党组织召开的唯一一次全省党代表大会。有关这次大会对浙江党组织建设和发展的意义、对浙江形成全民族团结抗日的统一战线所发挥的作用等,已有不少论者作了阐述。笔者认为,以代表群体的年龄党龄、学历经历等方面为视角,对代表群体作结构分析,在一定程度上能弥补对这次大会研究的空白,为后人了解那个历史时段浙江党组织的建设史、斗争史提供一个独特的视角,同时对我们党建设伟大工程、推进伟大事业也有一定启示。

---

[1] 黄信良,中共余姚市委党校教师。

一、中共浙江省第一次代表大会及代表情况介绍

(一)中共浙江省第一次代表大会基本情况

中共浙江省第一次代表大会是中共浙江省委为贯彻中共中央关于召开中共第七次全国代表大会的决议和通知以及东南局的指示精神而召开的,此前浙江省委于1939年2月1日作出《关于第七次全国代表大会准备工作的决议》。大会的目的和主要任务是:用马列主义总结自中共浙江临时省委成立以来一年多的工作;根据上级指示精神,结合浙江实际,讨论和决定今后浙江党的任务和总方针;民主选举新的省委机构;选举出席中共七大的代表。省委书记刘英代表省委致开幕词,并代表省委作政治报告和两年来浙江工作的书面总结。浙南、宁绍、处属、台属等特委的代表也在大会上作了工作汇报。大会通过了《关于目前抗战形势与浙江党的任务的决议》《国际国内形势问题》《党的建设问题》《统一战线问题》《职工问题》《关于农民问题的讨论提纲》《对青年群众团体的领导问题》《妇女工作问题》和《告全浙民众书》等一系列文件。会议分析了正在急剧变化中的浙江抗日局势,提出了"加紧全民动员,武装保卫沿海,保卫浙江,打退敌人的进攻""加紧统一战线工作,克服摩擦,以推进国共合作与全民族的更加团结""加紧国民精神总动员,提高民族意识与战斗意志,克服悲观动摇情绪,反对投降企图"等浙江全党和全省人民当前的7项紧急任务。大会选举产生了中共浙江省第一届

委员会：书记刘英，常委薛尚实、汪光焕；大会还选出刘英、汪光焕、龙跃等 12 位同志为浙江省出席中共七大的代表，林尧、谢廷斋等 3 位同志为候补代表。大会闭幕后，各级党组织及时传达、学习和贯彻大会的各项决议精神，对党员进行了一次普遍的组织观念教育和党性教育。但因国民党掀起第一次反共高潮，各级党组织转入隐蔽斗争，大会通过的大部分决议和措施未能真正实施。

（二）中共浙江省第一次代表大会代表情况

1939 年初的中共浙江省委，下辖浙南、宁绍、金衢、处属、台属、浙西 6 个特委，各特委根据省委的要求，组织发动各县党的组织于 4 月间召开了党的代表会，总结党的各项工作，并选出参加本特委党代会的代表。随后各特委相继于 5 月间召开了党代会，总结近年来的工作，确定今后党的工作任务，选举了出席中共浙江省第一次代表大会的代表。与此同时，省委机关也产生了参加省代表大会的代表。最后共产生 26 名出席中共浙江省第一次代表大会的代表，分别是省委机关 5 名，刘英、薛尚实、汪光焕、吴毓、丁魁梅（女，刘英夫人）；浙南特委 7 名，龙跃、林辉山、郑海啸、陈平、孙经邃、孙绍奎、刘发羡；宁绍特委 4 名，杨思一、王文祥、谢廷斋、魏文彦；台属特委 3 名，郑丹甫、周义群、林尧；金衢特委 3 名，林一心、王明扬、何霖；处属特委 3 名，张麒麟、周源、傅振军；浙西特委 1 名，顾玉良。这 26 位代表的基本情况见表 1。

表 1　26 位代表的基本情况

序号	姓名	生卒年（当时年龄）	入党年份（党龄）	所属单位及职务	家庭出身	求学背景	籍贯	备注
1	刘　英	1905—1942（34）	1929（10）	省委、省委书记	农民	高等小学	江西瑞金	因叛徒出卖牺牲
2	薛尚实	1902—1977（37）	1928（11）	省委、组织部部长	旅馆职员	上海大学	广东梅县	上海同济大学党委书记兼副校长
3	汪光焕	1912—1942（27）	1933（6）	省委、宣传部部长	小商人	中央大学	安徽芜湖	在浙南被错杀
4	吴　毓	1911—1943（28）	1931（8）	省委、统战部副部长	教师	上海君毅学院	浙江苍南	被土匪杀害
5	丁魁梅	1916—1986（23）	1938（1）	省委、机要秘书		杭州师范学校	浙江天台	浙江省人事厅副厅长
6	龙　跃	1912—1995（27）	1933（6）	浙南特委、书记	文书、宣传员	江西省立七中肄业	江西万载	上海市政协副主席
7	林辉山	1906—1980（33）	1934（5）	浙南特委、组织部部长	贫农家庭	少年失学	浙江苍南	浙江省人大常委会副主任
8	郑海啸	1900—1987（39）	1933（6）	浙南特委、常委	贫农家庭	3年私塾	浙江平阳	浙江省民政厅副厅长
9	陈　平	1915—1995（24）	1937（2）	浙南特委、宣传部部长		同济大学	福建漳浦	国务院国防工业办公室基建局局长

续表

序号	姓名	生卒年（当时年龄）	入党年份（党龄）	所属单位及职务	家庭出身	求学背景	籍贯	备注
10	孙经邃	1917—1947(22)	1937(2)	浙南特委·委员	偏产之家		浙江瑞安	被错杀
11	孙绍奎	1917—1983(22)	1937(2)	浙南特委·民运部部长		温州中学	浙江永嘉	辽宁省鞍山市副市长
12	刘发萁	1915—1995(24)	1938(1)	浙南特委·鼎平县委书记	贫苦家庭		浙江苍南	黑龙江森林工业管理局局长
13	杨思一	1901—1957(38)	1930(9)	宁绍特委·书记	农民	省立第三师范	浙江诸暨	浙江省副省长
14	王文祥	1906—1945(33)	1927(12)	宁绍特委·组织部部长	工商地主	杭州之江大学	浙江绍兴	在上海病逝
15	谢廷斋	1918—2005(21)	1938(1)	宁绍特委·余姚县委书记	店员家庭	14岁辍学	浙江余姚	国家基本建设委员会机械局局长
16	魏文彦	1912—1941(27)	1937(2)	宁绍特委·诸暨县委书记			浙江诸暨	被错杀
17	郑丹甫	1910—1983(29)	1935(4)	台属特委·书记	富农家庭	福建政法学院附中	福建福鼎	福建省政协副主席
18	周义群	不详	不详	台属特委·秘书长			福建福鼎	被捕叛变

续表

序号	姓名	生卒年（当时年龄）	入党年份（党龄）	所属单位及职务	家庭出身	求学背景	籍贯	备注
19	林尧	1912—1987（27）	1937（2）	台属特委、宣传部部长		上海中国公学大学	浙江黄岩	浙江师范学院副院长
20	林一心	1912—2010（27）	1931（8）	金衢特委、书记		福建省立第十初中	福建永春	国务院侨务办公室副主任
21	王明扬	1913—1942（26）	1931（8）	金衢特委、组织部部长		上海大南门民立中学	浙江宁波	牺牲于福鼎
22	何霖	1909—1988（30）	1931（8）	金衢特委、兰溪中心县委书记	上海学徒	文化人（有会议记录留下）	浙江永康	上海市公用事业局组织部部长
23	张麒麟	1912—1942（30）	1930（9）	处属特委、书记	农民家庭		江西赣峰	因叛徒出卖牺牲
24	周源	1915—1941（24）	1935（4）	处属特委、丽水县委书记	上海童工		浙江余姚	牺牲于龙泉
25	傅振军	1916—1999（23）	1936（3）	处属特委、龙泉县委书记			江西宁都	上海市轻工业局党委副书记
26	顾玉良	1904—1993（35）	1927（12）	浙西特委、书记		文化人（经历推测）	上海嘉定	上海教育学院院长

二、中共浙江省第一次代表大会代表群体的结构分析

党的各级代表大会代表责任重大,使命光荣。这在现今如此,在以前也如此。26 名代表是全省 1.9 万名党员的代表,是各地各部门党组织中的优秀分子、积极分子,他们肩负着各地党组织的重托,来到了中共浙江省第一次代表大会会场。分析中共浙江省第一次代表大会 26 位代表的组成结构,归纳揭示出代表群体的结构特征,可为我们了解中国共产党在革命年代党代会的组织、浙江党组织早期活动情况等提供一个窗口,在一定意义上还能借古鉴今。

(一)代表群体的年龄和党龄结构分析

26 名代表,除了生卒年份不详的周义群,平均年龄为 28.3 岁,最小的 21 岁,最大的 39 岁,中位数为 30 岁。故从年龄上看,代表群体比较年轻,处于年富力强的阶段。这种年龄结构,是由我党当时所处的时代背景和面临的任务决定的。当时处于全民族抗战初期,国共之间虽然推行合作方针,但国民党"溶共、防共、限共、反共"政策没变;日寇对浙江又虎视眈眈,浙江敌伪我形势错综复杂,我党要在浙江各地发展壮大,要团结带领党和人民建立统一战线反抗日本侵略,面临着许多急难险重的工作任务,更需要年轻人来挑起重担。因为相对来说,年轻人精力充沛,思维活跃,富有激情,能创造性地开展工作,在各自岗位和党代会上能更好地

尽职履责。同时,代表群体年轻,与我党注重在青年知识分子中发展党员的政策有关,党员年轻,代表们也自然年轻。26 名代表,除了入党年份不详的周义群,平均党龄为 5.7 年,最长的 12 年,最短的 1 年。这样的党龄结构说明经过十多年艰难曲折的发展,浙江党的组织工作已经有了相当的基础,一批理想信念坚定、斗争经验丰富的本地党员干部和外地派来的党员干部在斗争中逐渐显示出他们的领导和组织才能。1937 年初,浙江党组织的力量相当弱小,全省仅有党员 400人。国共第二次合作以来,浙江各地党组织贯彻执行中央"大量的十百倍的发展党员"指示精神,到 1939 年 7 月发展到了近 2 万人,丁魁梅等代表的是全民族抗战初期新发展党员中的佼佼者。浙江代表群体中党龄较长的代表,大多来自省外,有江西、福建等苏区革命斗争或城市武装起义经历,堪称代表中的中流砥柱。

(二)代表群体所在区域的结构分析

从所在区域来看,26 名代表的具体组成是:省委机关 5人,浙南特委 7 人,宁绍特委 4 人,台属特委 3 人,金衢特委 3人,处属特委 3 人,浙西特委 1 人。代表分布总体上呈现出"南多北少"的特点,这是由浙江党组织在省内各地发展状况决定的。从党的特委机关的设立来看,当时中共浙江省委在省内除了杭嘉湖,在绝大部分地区已经建立党的组织机构。杭嘉湖地区没能设立相应的党组织,一是因为该区域党组织恢复较迟,浙西特委 1939 年 2 月才成立,欲进一步发展,已力不从心。二是因为国民党、日寇对该地区的管控十分严格,因此党组织没能选派更多的干部发展该地区。除去省委机关,各特委代表团中,人数最多的为浙南特委,有 7 个,是一般特委的 2 倍以上。这是因为浙南是刘英、粟裕领导的工农红军坚持闽浙边 3 年游击战争的基地,全民族抗战爆发后,原红军游击队改编为"国民革命军闽浙边抗日游击总队",活动地区也主要在浙南;另外,中共闽浙边临时省委、中共浙江临时省委、中共浙江省委先后驻在该地区。因此这里的党组织群众基础好,党组织发展比较完善。宁绍特委有 4 名代表,人数第二多,这与该地区党组织基础较好有关。该地区党组织曾经组织过姚北盐民暴动,组建过浙东工农红军第一师。台属特委、处属特委、金衢特委,代表人数各 3 名。浙西地区因特委成立没多久,组织发展处在起步阶段,代表人数为 1 名。另外,有 4 个特委所属的 6 个县级党组织书记当选为中共浙江省第一次代表大会代表,分别是浙南特委鼎平县委书记刘发羡、宁绍特委余姚县委书记谢廷斋和诸暨县委书记魏文彦、处属特委的丽水县委书记周源和龙泉县委书记傅振军、金衢特委的兰溪中心县委书记何霖。这从一个侧面说明了党组织的工作在不断向基层延伸。

(三)代表群体的籍贯与任职地的结构分析

在 26 名代表中,非浙江籍的代表多达 11 人,占代表总人数的 42.3%,他们分别来自江西、广东、福建、安徽、上海等地,平均党龄比较长,达 7.1 年(周义群除外的 10 人,远大于全体代表的平均党龄 5.7 年),大都有组织领导农民起义、组织城市工人罢工起义、加入红军武装、在城乡从事党组织的组建和发展工作等经历。如：刘英来自江西瑞金，长期在红军队伍担任政委、政治部主任等职务；薛尚实来自广东梅县，参加过广州起义，组织领导过上海烟厂工人罢工、开滦煤矿工人罢工等；张麒麟来自江西横峰，1930年便加入红军队伍，是北上抗日先遣队营教导员。这些代表从事革命工作的资历深、经验多、能力强，来浙江后，大都被委以重任，如刘英被中央任命为省委书记，薛尚实任省委常委、组织部部长，汪光焕任省委常委、宣传部部长，龙跃任浙南特委书记（不久接替薛尚实任省委常委、组织部部长），张麒麟任处属特委书记，顾玉良任浙西特委书记，林一心任金衢特委书记。省委的全部常委、6个特委中的4个特委书记都是由这些非浙江籍的代表担任的。另外，籍贯在浙江省内的代表，在各特委中还有不少异地任职的现象。如浙江宁波人王明扬任金衢特委组织部部长，浙江余姚人周源任处属特委丽水县委书记。综上，那个时期在中共浙江省委重要部门、关键岗位任职的干部，表现出"客强主弱"的特点。这种特点，一方面是由浙江缺少久经考验的党员干部的现实决定的。因为相对来说，浙江大地之前的革命风潮比不上江西、福建等省份，也比不上广州、上海等城市。环境造就人，缺乏广泛、深入而持久的革命实践，也就制约了本省党员干部的成长，造成需要从外省调入干部来领导的现实。另一方面，我党还处于地下活动阶段，党员干部异地任职便于隐蔽身份，有利于工作的开展。

（四）代表群体家庭出身和求学经历的结构分析

在中国社会中，有条件的家庭一般都设法让自己的子女读书求学。家境越好,子女求学机会越多,学历越高。家庭出身和求学经历有这样一种正向关联,故本文将二者放在一起分析。在 26 名代表中,12 名代表有明确的家庭出身材料,10 名代表能推测出家庭出身,4 名代表家庭出身不详。在 22 名有家庭出身材料的代表中,王文祥、孙经邃、郑丹甫等 5 人,家庭出身为工商地主、富裕农民、恒产之家,家境富裕,人数占比为 22.7%;薛尚实、汪光焕、吴毓等 12 人,家庭出身为小商人、小职员、教师、一般农民,家境中等,人数占比为 54.5%;刘发羡、林辉山、周源等 5 人,家庭出身为贫农,家境贫寒,人数占比为 22.7%。上述数据说明,绝大部分代表的家境都是不错的,他们当初加入中国共产党肯定不是生活所迫,而是出于对共产主义的信仰,渴望改变国家、民族贫穷落后面貌。为了这样的一种目标,他们甚至不惜毁家纾难。如孙经邃、王文祥等多次变卖家产,资助革命。26 名代表中,17 人有明确的求学经历记载,2 人可推断有求学经历,7 人不详。在 19 名有求学经历的代表中,薛尚实、陈平、王文祥等 5 人为大学学历,吴毓、龙跃、孙绍奎等 13 人为中学或师范水平,刘英、郑海啸、谢廷斋等 6 人上过小学或私塾。上述数据说明,绝大部分代表有求学经历,他们堪称有文化的人。这样的事实,一方面表明,我们党的学说、思想容易被有知识的人认同和吸收,他们一旦加入党组织,成长进步都比较快;另一方面表明,学校是先进文化、先进思想的发源地、传播地,许多共产党人都是在学生时代开始成了革命者,薛尚实、汪光焕、孙绍奎、陈平等,都是在求学时接触进步书刊,进而加入共青团或共产党。

（五）代表群体人生历程的结构分析

考察 26 名代表的人生历程，25 人自始至终不忘初心，为党为人民为国家奋斗了一生，只有 1 人被捕叛变。这说明代表群体总体上都能经受血雨腥风和战火的严峻考验，在理想信念上是靠得住的。在 25 人中，刘英、吴毓、王明扬、张麒麟、周源等 5 人英勇牺牲，魏文彦、汪光焕、孙经邃 3 人被错杀，这些都体现了浙江党组织那个时期对敌斗争的残酷性、严峻性、复杂性。浙江党组织的生存环境向来险恶，从 1927 年 6 月到 1929 年 4 月，先后有 10 位同志担任省委书记或代省委书记，平均任期不到 2 个月。到了全民族抗战时期，浙江敌伪顽势力犬牙交错，党组织的生存发展经常性地受到敌对势力的打压和"剿杀"，中共浙江省第一次代表大会选出的省委书记刘英就牺牲在国民党炮制的"温州事件"中。至于 3 名代表在不同时期被错杀，则从一个侧面体现了斗争的险恶。因为险恶，我们党组织必须把防备敌人这根弦绷得特别紧，以致产生错杀。16 名代表经过浴血奋战，迎来了新中国的成立。之后他们在祖国建设的各级各类领导岗位上，继续贡献着他们的才智。从最后的职位来看，他们都成了共和国厅局级以上领导干部，其中杨思一、林一心、林辉山、龙跃、郑丹甫、顾玉良 6 人成了省部级领导干部。这说明中共浙江省第一次代表大会的代表群体不但理想信念坚定，而且能力强，能干革命、善于搞建设。考察这 16 名代表在 1949 年后的人生经历，也有让人遗憾之处，那就是这 16 名代表都在反右派及"文革"中受到打击和迫害，特别是"文革"期间，龙跃、林辉山、郑丹甫、丁魁梅等浙南特委和各县负责人被别有用心的反党集团扣上了"浙南叛徒集团"的帽子,严重影响了他们的身心健康和生命长度,这点需要我们反思和引以为戒。

三、中共浙江省第一次代表大会代表群体结构的当代启示

"前事不忘,后事之师。"习近平总书记在纪念全民族抗战爆发七十七周年仪式上的讲话中指出,历史是最好的教科书,也是最好的清醒剂。对于广大党员干部来说,学习党史、新中国史,可从党的非凡历史中找寻初心激励使命,并从中汲取经验教训,增加前行的智慧和动力。学习中共浙江省第一次党代会的历史,分析中共浙江省第一次代表大会代表群体的结构,对当代的中国共产党人进行伟大革命、推进伟大工程具有诸多启示。

(一)信仰培育:注重青少年理想信念教育,助推他们从小树立崇高的志向

在 26 名代表中,绝大部分代表在青少年时期就获得了马克思主义思想的启蒙。薛尚实在学生时代阅读了《马克思传》《通俗资本论》《辩证唯物论》以及《向导》《新青年》等书刊,初步形成了马克思主义的信仰;谢廷斋 19 岁时,就阅读了从朋友处借来的《共产党宣言》《西行漫记》等进步书籍,大受启发,立志成为一个共产主义者;汪光焕、陈平、王文祥、孙绍奎等也都是在青少年时期确立了共产主义信仰。他们一旦

有了这样的信仰,以后就再也不曾动摇。这些史实清楚地说明青少年时期是培育信仰的黄金时期、关键时期,当代心理学、教育学的理论也表明了这一点。因此,很有必要加强青少年的理想信念教育,尽早在他们稚嫩的心田里播下共产主义的种子。我们的学校教育曾经注重过"共产主义接班人"教育,但最近几十年有所忽视,应加以改进。习近平总书记多次强调,要上好学校的思想品德课。中共中央出台了《关于全面加强新时代少先队工作的意见》,这是中华人民共和国历史上第一个以党中央名义下发的专门加强少先队工作的文件。为此,中小学校要落实好思想品德课教育,通过思想品德课达成党的基本知识基本理论、共产主义理想信念进学校进课堂的目标;在其他学科的教学中也应结合党的基本知识教育。比如在文艺创作上,文学作品、影视剧等要大力弘扬主旋律,传递正能量,讲好中国共产党人的红色故事、奋斗故事。我们的青少年从小有了共产主义理想信念,将来会有更多的人成为共产主义者。

(二)党员发展:适度向青年积极分子倾斜,促进党员群体年龄结构合理化

考察26名代表的入党年龄,除周义群不详外,25名代表的平均入党年龄为22.6岁,这么年轻的入党年龄,给正在遭遇党员年龄结构老龄化烦恼的我党提供了一个启示,那就是发展对象还可以进一步年轻化。在各类基层党组织中,党员年龄结构老龄化问题突出,尤其在农村、社区党员中问题更为突出。党员年龄结构老龄化的原因有多个方面,比如党员

人均寿命不断提高等。此外还与新发展的党员不够年轻有关。自古英雄出少年，我们要把党员发展的对象更多地向年轻人倾斜，充分信任他们并加以引导。有他们的加入，我们的队伍会更有活力、更有创新力，我们的事业、我们的明天会更有希望。最近十多年来，从中央到地方都特别重视在青年积极分子中发展党员，一些地方甚至对党员的年轻化提出刚性的实施意见，但成效不大，还需再接再厉。特别是对基层反映的如"我党对年轻人吸引力不大"等一些现实问题，要多做调查思考，拿出切实措施加以改进。

（三）实践锻炼：为党员干部成长搭建平台，促进党员党性和能力协同增长

中共浙江省第一次代表大会代表几乎都有发展党组织、建立苏区、开展军事武装斗争及组织领导学生运动、工人运动、农民运动等革命实践经历，这种经历既使他们的理想信念愈加坚定，也使他们的革命斗争能力不断增长，这就是所谓的在大风大浪中锻炼成长，所谓的时势造英雄。一个共产党员，一个革命者，其革命实践经历越多越复杂，则他的成长进步就越快越明显。省委领导刘英、薛尚实、汪光焕，所属各特委书记龙跃、张麒麟、郑丹甫、林一心、顾玉良等，都来自江西、福建等苏区以及工人运动、学生运动曾经开展得比较有规模的城市，他们的革命实践经历更为丰富、更为复杂、更为艰苦，所以他们到浙江后都能担起重任。这是革命实践造就了他们。26 名代表中的 16 名，坚持到了中华人民共和国成立，他们都成了久经考验的共产主义战士，都走上了厅局级

以上领导岗位。这是革命实践成就了他们。这启示我们,作为党员干部必须积极主动地参与实践接受锻炼;作为党的各级组织要尽可能地搭建平台,为党员干部的实践锻炼创造有利条件。应该说,我党历来注重在实践中锻炼提高党员干部,并积累了许多成功的做法,如采取挂职方式选派年轻干部承担重点项目、重点工程的工作,到落后村担任党组织"第一书记",到拆迁征地、信访、矛盾调处等岗位工作等,锻炼了一大批党员干部。当前应不断丰富实践锻炼的内容,不断创新实践锻炼的形式,及时总结经验并使之上升为制度化的做法,促使更多的党员干部实现党性与能力协同提高。

(四)党内整肃:纯洁党员队伍的必要措施,要治病救人切忌扩大化运动式

一个政党在发展过程中,必须经常性地开展批评和自我批评,以实现自我革新,所谓"流水不腐,户枢不蠹"。延安整风运动是我党历史上一次影响深刻的整党运动。1941年,中国共产党党内存在着"左"倾机会主义的恶劣影响尚未彻底清除,主观主义、宗派主义、党八股广泛存在,大批新党员又带来了非马克思主义的思想作风等问题,这些问题妨碍党的正确路线的贯彻执行,妨碍全党干部和党员政治思想水平的提高。延安整风运动为解决这些问题而发起,此运动很有必要,后来从延安波及全国各地的党组织。但发展到后来,各种因素叠加,使整风运动产生扩大化倾向,许多党内同志受到审查、受到打击,甚至被杀害。这种扩大化也影响到浙江,中共浙江省第一次代表大会26名代表中有3人被错杀,分别

是：省委常委、宣传部部长汪光焕，浙南特委委员孙经邃，宁绍特委、诸暨县委书记魏文彦。这给党员个人和浙江党的革命带来损失。另外，坚持到中华人民共和国成立的 16 位代表在"文革"等政治运动中受到不同程度的迫害，这使他们的身心健康和祖国的社会主义建设事业都受到严重损害。因此，为保持党员肌体的健康，我们有必要从严管理和监督党员干部，有必要通过专题教育实践使党员干部牢记初心。

参考文献

①中共浙江省委党史研究室、中共温州市委党史研究室、中共平阳县委党史研究室编：《中共浙江省第一次代表大会》，中共党史出版社 2007 年版。

②中共浙江省委党史研究室：《中国共产党浙江历史·第一卷（1921—1949）》，中共党史出版社 2011 年版。

③中国人民政治协商会议浙江省委员会文史资料研究委员会编：《浙江革命史料选辑》（七），浙江人民出版社 1982 年版。

④习近平：《论中国共产党历史》，中央文献出版社 2021 年版。

⑤胡晓阳、许绍州、何力迈：《遍地英雄下夕烟——中共浙江省第一次代表大会部分与会者访谈录》，《浙江档案》1994 年第 7 期。

⑥林一心、刘先、谢廷斋：《凤卧燃火炬——浙江省第一次党代会追忆》，《今日浙江》1996 年第 6 期。

（选自中共浙江省委党校、中共浙江省委党校平阳分校编：《赓续浙南革命荣光》，浙江工商大学出版社 2023 年版）

郑海啸对中共浙江省第一次代表大会安全保卫和后勤工作的贡献

郑海农[1]

郑海啸(1900—1987),昵称老海,浙江省平阳县凤卧乡凤林村人,是中共浙江省第一次代表大会26名代表之一。他长期担任中共浙南特委常委、平阳县委书记,是公认的浙南革命老区奠基人之一。他坚持革命斗争近20年,全家"一门三烈",妻子、女儿和亲弟弟均为革命牺牲。本文根据党史资料及老海本人讲述,回顾郑海啸及其领导的党组织在中共浙江省第一次代表大会筹备和会议期间所做的安全保卫和后勤工作。

一、时代背景

抗日战争初期,中共平阳县委书记郑海啸在省委书记刘英、浙南特委书记龙跃的直接领导下,抓住国共合作的有利时机,贯彻中国共产党提出的《抗日救国十大纲领》,公开发动群众建立各种抗日救亡团体,在平阳县城乡广泛开展各种

---

〔1〕 郑海农,1960年出生,浙江大学医学硕士、浙江医院主任医师,2023年杭州第19届亚运会火炬手。1986年加入中国共产党,曾任中共浙江医院机关支部书记、浙江医院耳鼻喉科副主任等职。现为浙江省科技厅项目评审专家。

形式的抗日宣传,提高了人民群众的爱国主义觉悟,激发了团结御侮、救亡图强的民族精神,动员了大批的人力、物力、财力,支援抗日前线。平阳县委还注意团结国民党政府和社会上层的爱国人士,郑海啸自己也做了大量的统战工作,如利用私人关系联络并感化了国民党浙江省临时党部特派员陈强、国民党平阳县党部常委黄强及北港知名人士王扬西等人,这些人及其家人后来都为平阳革命作出了较大的贡献。同时,在县委书记郑海啸的领导下,平阳县各级党组织也得到了秘密的恢复和发展,壮大了党的力量,巩固和发展了革命根据地。至1939年,全县党支部从1937年的58个发展到98个,党员从407人增加到1860人,5个区委中有4个建立了分区委,全县共建立了12个分区委。以至于国民党省党部在1939年给其中央组织部的报告中称:"平阳北港区完全赤化,为全省人士所注意,大有浙江陕北之概。"[1]

1939年6月,随着浙江的大片土地被日军占领,浙江中共地下党组织的活动范围逐渐缩小,而当时国民党顽固派还在千方百计制造摩擦,使全省很多地区的党组织都遭到严重破坏。在这种情况下,要召开一次全省党员代表大会,地点的选择无疑非常重要。省委书记刘英和省委领导经过仔细分析和调查,认为浙南平阳县北港的凤卧一带是最安全、最可靠的。当时主要有三点考虑:一是粟裕和刘英领导的红军挺进师在这里打了三年游击战,中共浙南特委机关及平阳县委长期在这里活动,对这里的风土人情和地形地貌都非常熟

---

[1] 郑海农:《追忆抗战初期的郑海啸同志》,《浙南火炬》2017年第3期。

悉;二是凤卧有坚强的党组织,县委书记郑海啸在当地百姓中威信极高,统战工作也做得好,在国民党顽固派内部安插了不少"白皮红心"的内线;三是平阳早在大革命时期就开展了轰轰烈烈的群众运动,党组织在这里有一支精干的武装力量,必要时可以进行自卫。[1]

二、接受重任和部署任务及分工

在中共浙江省第一次代表大会召开前夕,省委书记刘英和浙南特委书记龙跃找郑海啸谈话,告知了会议召开的具体时间和地点。两位书记分析了当时的革命形势,认为国民党顽固派是怯于对外、勇于对内的。因此要特别提高警惕,严防敌特分子的破坏。刘英对郑海啸说:"平阳党组织基础好,群众觉悟高,省委决定在凤卧乡召开党代表大会,你老海是浙南特委常委、平阳县委书记,又是本地干部,对情况了解,党代会的安全保卫和后勤工作,就要由你来担当了。"说着,刘英用一双炯炯有神的眼睛盯着郑海啸,停顿了一会说:"省委完全相信你能完成这个光荣而又艰巨的任务。"郑海啸听了心里十分激动,只说了一句:"在省委领导下,我尽一切努力去完成任务。"[2]

---

〔1〕 林一心、谢廷斋:《抗日救亡的号角　浙江党史的丰碑》,见中共浙江省委党史研究室、中共温州市委党史研究室、中共平阳县委党史研究室编:《中共浙江省第一次代表大会》,中共党史出版社 2007 年版,第 31—40 页。

〔2〕 郑海啸:《关于省第一次党代会的安全保卫和后勤工作的几件事》,见中共平阳县委党史研究室编:《光辉的历程》,中共党史出版社 1994 年版,第 180—182 页。

接受重任后,郑海啸立即在凤林坑底宫主持召开了布置中共浙江省第一次代表大会保卫和后勤筹备工作的县委紧急扩大会议,凤林党总支、各支部委员和积极分子也参加了会议。郑海啸在会上指出:"参加省党代会的都是省委和各地党组织的主要领导人和重要干部,安全保卫工作稍有闪失,其后果是不堪设想的。省委把关系到全省党之命运的安全保卫工作交给我们,充分表达了省委对平阳党组织和群众的信任!"这次会议对中共浙江省第一次代表大会的安全保卫、环境卫生、会场布置、物资采购、群众教育等工作进行了详细讨论,并做了具体分工。这里要说一下,为什么在坑底宫召开筹备会呢?首先,坑底宫离拟定的中共浙江省第一次代表大会会场很近,它三面环山,正面对着上山道路,站在坑底宫内,山脚下的情况可以看得一清二楚。其次,坑底宫是一古建筑,而非新近搭建,不会引起国民党顽固派的怀疑,很适合作为保卫会议安全的前沿哨所。[1]

三、大会安全保卫和后勤保障的具体措施

根据省委书记刘英的指示,在浙南特委的直接领导下,郑海啸带领当地党组织对中共浙江省第一次代表大会的安全保卫和后勤保障工作,做了细致周密的部署,重点抓了下面几点:

---

〔1〕 李阳阳、黄珍珍、邵晨婵:《记者进浙南深山 探寻浙江"省一大"召开背后的故事》,https://zjnews.zjol.com.cn/zjnews/zjxw/201907/t20190722 10634316.shtml,2019 年 7 月 22 日。

1.调整交通员,健全联络站。这关系到代表们往来的安全和大会的保密工作。县委决定对联络站和交通人员进行认真的调整,选择一批政治上最可靠的人员,如吴可厚、翁吉生、陈观威、郑志亮、金大巨、郑明德(郑海啸女儿,革命烈士,1942 年牺牲,年仅 16 岁,被称为"浙南刘胡兰")等,护送各地来的党代表直接到省委机关所在地。外地来的交通员和信件不让直达省委机关和大会驻地,有关信件和人员均由金澄梅(郑海啸妻子,革命烈士,1940 年牺牲)负责的县委驻凤林交通站派专人护送。这样做对大会的安全和保密工作起到了很大作用。[1]

2.侦察顽军动态,加强情报传递。在中共浙江省第一次代表大会会址周围数十里内外的主要街镇,建立了情报站,负责侦察国民党顽固派动态。要求在国民党机关内的地下党员和统战对象密切注意和了解国民党地方当局活动情况,及时传递情报。在周边的水头街、山门街、大峃、高楼、腾蛟、平阳坑等地,都指派了专门人员,如县委委员、武运部部长林瑞清负责山门、大屯一线,平安区委书记吴可邦、副书记洪汝兰负责高楼、腾蛟一线,县委委员、农运部部长黄美迎与县武工队小组长郑志荫(郑海啸弟弟,革命烈士,1942 年牺牲)负责水头、凤卧一线。他们的任务是及时了解国民党军队有否调防,一旦发现情况,就要像接力赛跑一样,迅速地向县委指定的地点传递情报。如遇紧急情况,及时在山上发出警报:

---

〔1〕 中共平阳县委党史研究室:《金澄梅(1900—1940)》,见中共凤卧镇委员会、中共凤林村支部委员会编:《浙江红村凤林》,新华出版社 2007 年版,第 168—174 页。

白天以烟、晚上以光为信号。

3.依靠老区群众,开展反侦探和保密工作。狡猾的国民党顽固派,经常派人化装成小贩、乞丐或算命先生,钻进山村来,探听地下党和游击队的活动情况。对于这种密探,经过教育的革命老区群众是十分警惕的,并能巧妙地对付,让他们探听不到真实的情况。当地党组织布置的对策是:在上山路上的交通道口或有我们同志借住的房子附近设立群众监视哨,发现陌生人,立即发出暗号,如以骂鸡、骂狗的语言说明有人来了,以提醒屋里人停止讲话声响。但是,顽固派也千方百计搞突然袭击。有一次,一个装扮成小贩的探子,借口讨水喝,闯进屋来。当时同志们正在里间开小会,房主夫妇随机应变,立即以夫妻打架的场面出现,一个拿扫帚,一个拿菜刀,又打又骂,弄得那探子大吃一惊,水也不敢喝,扫兴而去。

4.防患于未然,会场连夜从冠尖村转移至马头岗村。众所周知,与中共全国第一次党代会中途转移会场一样,中共浙江省第一次代表大会中途也从凤林的冠尖村转移到马头岗村(最后一天又回到冠尖闭幕),但为什么要转移会场呢?原来,在会议召开的中途出现了突发情况,有一个家住冠尖村的反动分子突然从北港区公署回到自己家中,但当天又离开了冠尖。我党组织布置在其家左邻右舍的暗哨严密监视,未发现其有异常举动。刘英书记得知情况后立即与龙跃、郑海啸紧急商量。刘英书记说,这个反动分子上午回来,下午就走,我们的情况虽然没有被他察觉,但大会在这里已经开了好多天了,恐怕时间长了会被敌人发觉,要注意防范。龙跃、郑海啸点头同意。为了保障参加中共浙江省第一次代表大会的革命同志的安全,刘英书记立即拍板决定所有人员连夜转移至马头岗第二会场。其实在会议召开之前,刘英书记就找郑海啸商量,要安排一个第二会场,以备不时之需。郑海啸想起自己的亲姐姐家就在邻近的马头岗村,那里党的群众基础好,姐姐一家非常支持革命,外甥翁吉忠还是村党支部书记。而且姐姐郑氏、姐夫翁浩统和儿子翁吉忠一家住的是一幢有 9 间房的木结构平房,用来分组开会都没问题。她家房子屋前涧深岭陡,屋后古松参天、森林茂密,不易被敌人发现。特别是房子的东首阁楼顶上有一小门,可直通后山,便于在紧急情况下转移。后山上还有一个秘密山洞,可容纳许多人。于是,马头岗村郑海啸姐姐家及其附近几家革命群众的住房被内定为中共浙江省第一次代表大会的备用会场。村支书翁吉忠(郑海啸外甥)也做好了准备工作。郑海啸知道,近百人转移动静不小,而从冠尖到马头岗沿途有很多农户家都养狗,夜里守在大门外,发现陌生人就会大叫,容易被敌人察觉。为了保证安全转移,郑海啸立刻指示当地党支部挨家挨户事先做好养狗农户的思想工作,把狗拴到自家的卧室里。这样,会议代表和工作人员近百人连夜从冠尖向马头岗转移,竟没有发出特别声响。这反映了当地群众工作的坚实基础。

5.组织党团员,配合机关警卫人员站岗放哨。按事先安排,在中共浙江省第一次代表大会召开期间负责会场警卫的是由省委和特委机关的警卫人员临时组建的 20 多人的武装队伍,但他们大多不会讲本地的闽南话,遇到特殊情况很容易暴露。为此,郑海啸立即部署满垟、冠尖和马头岗等地的党组织,在党员、团员和民兵中挑选政治可靠、有知识和口才的人进行专门培训,协助警卫班战士站岗放哨。凤林和马头岗的组织工作分别由郑志偶、翁吉忠负责,而警卫班与当地人员的调配和联络工作由郑海啸的大儿子郑子雄(县武工队队员)负责。大会期间,郑海啸还专门指派当地党员,把会场和代表住地一带的水井及厨房看管起来,防止坏人投毒破坏。

四、做好后勤保障工作

省委书记刘英在对郑海啸布置后勤供应任务时曾风趣地说:"老海,这次全省各地区党代表来平阳开会,他们都是你的贵客,你要好好招待,不能和平时一样老是吃咸菜,要吃点肉。"这么多人聚集在一个小山村,后勤保障是个不小的压力,担子落在了郑海啸身上。吃点肉,在现在是非常简单的事,但在当时,除了经费困难,更主要的问题是近100人的伙食采购问题。由于当时我党处于地下活动状态,不可能公开地、大批量地到国民党顽固派控制的街上采购物品,而农村又没有粮站和菜市场。怎么办?郑海啸和平阳县委想到了通过当地党组织去分散筹办。如粮食、肉类分头由当地党员去购买,并亲自送到机关来。蔬菜除购买一部分外,还靠当地党员和群众从自家种的菜园中挖出一部分来,并以慰劳的名义赠送给会议。改善伙食的山货和海产品则是通过凤卧街基本群众开办的小商店协助,分批去秘密购买。凤林村妇联会还组织了若干小组协助大会烧饭做菜、洗衣服。马头岗会议期间,在中共平阳县委统一领导下,翁吉忠和马头岗村党支部做了大量工作:他动员全村党员和群众积极主动配合警卫同志站岗放哨,指派翁吉周、翁吉多以及郑克练等协助采购运送物品,发动妇女协助洗菜烧饭等后勤工作,动员革命群众把自家房间打扫得干干净净,让代表们休息好。郑海啸的外甥翁吉忠还特地将自己的卧房布置如新,请刘英书记作办公室兼卧室,以表达对大会的拥护和支持,这是革命群众对共产党纯真朴实的热血感情。

由于平阳县委和当地党群组织为大会后勤工作做了充分准备,省委和大会代表都感到非常满意。据中共浙江省第一次代表大会秘书处工作人员郑嘉顺回忆,为使代表们开好会,会议期间每餐都有两三个菜一碗汤,开幕式和闭幕式召开时还会餐了两次,有十来个菜。省委领导和代表夜里工作时还有点简单的夜餐。[1]

为感谢当地党员和群众的支持,省委邀请当地老共产党人叶廷鹏和凤林村党支部书记郑志偶,以及当地德高望重的支持革命的老人郑志西、郑学超等出席了中共浙江省第一次代表大会闭幕式。闭幕式上,郑海啸的女儿郑明德与凤林小学的师生一起为大会演出了文娱节目,郑海啸的次子郑学仁作为儿童团代表在会上致贺词。[2]

---

〔1〕 郑嘉顺:《省第一次党代表大会二三事》,见中共平阳县委党史研究室编:《光辉的历程》,中共党史出版社 1994 年版,第 183—186 页。

〔2〕 郑志兴:《中共浙江省第一次代表大会》,见中共凤卧镇委员会、中共凤林村支部委员会编:《浙江红村凤林》,新华出版社 2007 年版,第 11—31 页。

五、圆满的结局

1939年7月21日至30日,中共浙江省第一次代表大会在平阳县凤卧乡的冠尖村和马头岗村两地胜利召开。出席会议的正式代表26人,列席代表9人。他们代表着全省6个特委、54个县委[1]、19000多名共产党员。大会以无记名投票方式选举产生了新的中共浙江省委员会,同时选出了浙江省出席中共七大的代表,这是浙江省共产党在新民主主义革命时期召开的唯一的一次全省党代会。

由于做好了安全保卫和后勤服务工作,大会从始至终都安全、顺利地召开,取得了圆满成功。这样规模大、时间长的浙江省党代表大会开完了,而就在附近的平阳水头镇国民党当局却毫无察觉,实是浙江革命保卫工作历史上一个突出的成功范例,是郑海啸和平阳党组织及人民对浙江党的建设的一大贡献。[2]

---

〔1〕 应为55个县委。

〔2〕 中共平阳县委党史研究室:《郑海啸传略》,见浙江省新四军研究会、中共温州市委党史研究室、中共平阳县委编:《郑海啸纪念文集》,中共党史出版社2004年版,第1—50页。

回忆文章

关于中共浙江省第一次
代表大会的回忆

龙　跃

1939年7月,我参加了中国共产党浙江省第一次代表大会,我是浙南代表团团长,也是大会主席团的成员。这次省党代表大会召开的目的主要是:选举出席中国共产党第七次全国代表大会的代表;选举新的省委委员;总结抗战以来浙江党的工作并确定今后全省党的任务。

浙江临时省委是1938年5月经过中共中央长江局和东南分局决定,在闽浙边临时省委的基础上成立的。1938年9月,经中共中央批准由临时省委转为浙江省委。在浙江省委成立之前,1937年冬至1938年春,浙江党的组织有好几个系统:首先是闽浙边临时省委所领导的党组织,规模最大,党员人数最多,而且拥有武装力量和根据地;其次是以徐洁身、邢子陶为主的浙江省临工委和以顾玉良为主的浙江省工委;还有由上海回乡工作的党员所组织的回乡工作团;此外,同济大学的党支部也单独在金华、丽水活动过一段时间。浙江临时省委成立之后,这几方面的力量都在省委领导之下统一起来了。

浙江临时省委第一次会议是1938年5月7日在平阳县北港区凤翱乡玉青岩村召开的。参加会议的委员有刘英、顾玉良、汪光焕、龙跃和林辉山,共5人。谢文清和陈昌会2位委员未曾赶上，没有参加，会议精神是过后几天我向他们传达的。会上确定了委员的分工，除书记经长江局和东南分局指定为刘英外，组织部长谢文清，宣传部长汪光焕，统战部长刘英兼，青年部长龙跃，后为赖大超。全省成立 5 个特委和 1 个中心县委，即：浙南特委（书记龙跃），处属特委（书记张麒麟），台属特委（书记宿士平，后为郑丹甫），宁绍特委（书记顾玉良，后为杨思一），金衢特委（书记汪光焕，后为林一心），温州中心县委（书记黄先河，该中心县委于 1938 年 10 月撤销）。稍后又成立了浙西特委（书记顾玉良）。浙西是抗日前线，又与苏皖接壤，浙西特委归东南局和浙江省委双重领导，以东南局领导为主。1938 年 9 月浙江临时省委转为正式省委时，省委委员又增加了赖大超，他是早些时候由东南分局派来担任省委青年部长的。

浙江省委〔1〕成立后，省委机关于 1938 年 5 月 12 日由浙南游击区迁入温州，依靠新四军驻温州通讯处为掩护，领导全省工作。1938 年 10 月 10 日新四军驻温通讯处被国民党温台防守司令部查封后，省委机关转入地下秘密活动。1939 年 2 月至 3 月，省委由温州秘密迁往丽水，在那里一直驻到 1941 年皖南事变发生后才又搬回温州。

抗战〔2〕初期，浙江的形势很好，抗日救亡运动搞得轰轰烈烈，党的组织也发展很快。浙江形势好的原因，一是党在浙江有基础，主要是浙江南部有两块革命根据地；1937 年 7 月抗日战争爆发，我们与国民党和平谈判达成协议后，党在浙

---

〔1〕 应为浙江临时省委。
〔2〕 指全民族抗日战争。

南城乡取得公开合法和半公开合法的地位；后来，新四军又在浙江建立了公开机构。因此我党我军在浙江各界人民中影响很大，威信很高。二是浙江广大人民特别是工人、农民和青年知识分子，其中主要又是各大中学校的学生，历来受革命的影响较深，政治觉悟也较高。上海、南京和杭州相继沦陷后，浙江处于日寇侵略的直接威胁之下，朝不保夕，因此，抗日救亡、保卫祖国、保卫家乡成了浙江各界人民的共同要求和行动。三是在抗日战争开始后，党中央长江局、东南分局和上海地下党派遣和介绍了一大批党员干部来浙江或回浙江工作；同时上海、杭州一批大专院校内迁时，也留下了少数党员和一批党外的积极分子在浙江工作。所以，当时浙江党内的干部比较多，而且分布在全省各地和各个方面，起了领导核心作用。四是京、沪、杭陷落后，一批工人和大批青年知识分子从上海、无锡、杭州、嘉兴等地辗转来到富春江以南以及金华、丽水等地，在党的领导下开展抗日救亡运动，其中不少人参加了党，成了党的干部。五是国民党浙江省主席黄绍竑带了一批桂系骨干来到浙江，自称"学习第二战区阎锡山和共产党协作抗日的经验"，公布了一批比较进步的法令和建立了政治工作队等。这些，也有利于抗日救亡运动和我党工作的开展。

　　经过近两年来的努力，浙江有55个县建立了党的县委或工委，没有建立县委和工委的县，也有党的支部或党员在那里起作用，全省发展党员达2万余人[1]。

---

　　〔1〕　应为19000多人。

在群众运动方面,工、农、青、妇和文化教育界都相当普遍地建立了各自的救亡团体。1938年1月初,兰溪县我党党员邵惠群上书黄绍竑,建议他发动民众抗日救亡,在兰溪建立政治工作队(简称"政工队"),归县长直接领导,主要任务是宣传抗战形势、组织各种社团、发动抗日救亡运动。黄绍竑采纳了这个建议,并于1月下旬亲自到兰溪参加了兰溪县政工队的成立大会,产生了浙江省的第一个政工队。然后,黄绍竑下令推广。因此,全省各县纷纷成立了政工队。到1939年8月,全省建立了75个县政工队。我们派遣了一批党员加入政工队,并动员了大批优秀知识青年参加进去,因此,大部分政工队的领导权掌握在我们手里。黄绍竑公布的《浙江省战时政治纲领》也比较进步,其中有"动员全省民众,参加抗战""澄清吏治,铲除贪污"以及"减轻地租,改善贫民生活"等内容。这样,我们搞公开斗争就有了合法的依据。还有各县的民众教育馆,也是我们开展群众工作的阵地。我们利用这些合法组织,深入农村,动员和组织群众建立农会、农民夜校和妇女识字班等,领导农民推行"二五减租",开展反对贪官污吏和改选乡、保、甲长等斗争,打击了农村中的封建势力。

统一战线工作,也获得了较好的成绩。主要是与黄绍竑合作得比较好。黄绍竑1937年任第二战区副司令长官,在山西对日作战,受到我党和八路军的影响,表现比较进步。但他主要是想利用全民抗战和国共合作的机会,在浙江发展他自己的势力,他带来的广西骨干中有的人也比较进步,以后又用了一些浙江当地的开明人士。我们的统战工作,首先就是争取这些人。我们用各种方式同他们合作,有的由省委指派专人跟他们联系,更主要的是派遣党员到他们那里去工作。通过党员的作用,和他们建立统战关系,以便打开工作局面。据我所知,抗战初期浙江统战工作搞得最好的,是国民党省政府的建设厅系统和丽水地区。那时丽水是浙江的抗战后方,国民党省政府许多机关都搬在丽水城区及其附近的碧湖、大港头等地。建设厅也在丽水,其下设有物产调整处与木炭、桐油、茶叶等贸易公司。建设厅长伍廷飏是黄绍竑的得力骨干,他容纳了一批共产党员如张锡昌、骆耕漠、曾涛、陈虞荪、汪海粟等在物产调整处工作。还有一批党员担任了乡村建设指导员,分配在丽水地区各县工作。1938 年,黄绍竑将龙泉、云和、遂昌三县作为经济建设实验区,委派三位进步人士去当县长(龙泉为唐巽泽,云和为潘一尘,遂昌为陈希澄),实行了一些民主措施,吸收了一批共产党员和进步青年在县、区政府担任较重要的职务。如龙泉县教育科长邵荃麟,政训室主任张三扬,编审室主任葛琴(他们三人于 1938 年冬离开),民教馆长舒文,民众剧场主任王灿,政工队正、副队长俞坚和杜大公等,都是共产党员。云和与遂昌也有一批共产党员在县、区、乡担任公开工作,如现在华东师大的施平和国务院国防工办计划局的陈平,就在云和县政府担任过科长和技士。当时这三县的工作搞得很活跃。1939 年 10 月,黄绍竑又委任进步人士俞森文担任丽水专员。俞森文间接或直接掩护过我们党的活动。可惜当时我们还缺乏经验,党的活动过于突出,引起 CC 派人物的注目,他们把物产调整处称为"共产调整处",说龙泉县成了"苏区"。后来环境逆转,上面这些同志只好转移了。其他地区的统战工作也搞得不错，以金华地区的义乌县为例，1938年上半年，义乌县由当地我党有威望的老党员吴璋出来组织了县政工队，安排了一批党员在政工队工作，完全掌握了政工队的领导权。1938年末，黄绍竑指派当地知名的国民党左派人士吴山民担任义乌县县长，对我们也很有利。吴山民是吴璋的知交，他向吴璋请教，要求吴璋替他出主意，解决干部问题。吴山民表示愿意让共产党员和左派人士参加政府工作，不加歧视，不强迫他们加入国民党。因此，我党派了一批干部帮助他上任。如县政府秘书、军事科长、兵役科长、自卫中队长、分队长和指导员都是我党党员。县政府的工作，凡比较重要的，吴山民都和我党党员吴璋、华延陵商量决定。他们三人实际上形成了一个国共合作的领导核心。因此，人们称义乌县政府为"统一战线政权"。1942年，日军侵占浙赣铁路后，义乌发动抗日游击战争，吴山民也参加了浙东抗日根据地的工作。

随着抗日救亡运动和统战工作的开展，在文化工作方面也打开了局面。从1938年到1940年冬，很多文化教育机关和文化人云集金华，这里成了浙江的文化中心。在金华出版的报刊很多，除国民党主办的《东南日报》《正报》和《大风》周刊外，有不少刊物是由我党领导或在我党的影响下出版的，如：由邵荃麟、葛琴、郑洪范主编，由严北溟负责出版的《浙江潮》，由骆耕漠主编的《东南战线》，由涂峰主编的《青年团结》，由贵婉兰负责编辑出版的《浙江妇女》，由陈怀白、杭苇负责出版的《浙江儿童》等。1938年上半年，在国内有影响的新知书店桂林总店派党员吴顾琪来浙江，首先在金华开设了新知书店金华分店,接着在丽水、温州、台州、宁波、绍兴等地都开设了分店,出售抗战书报、左翼文艺、马列著作和毛泽东的《论持久战》《论新阶段》等革命书刊。党内文艺界前辈冯雪峰抗战初期也在浙江做过一段时间的文艺和统战工作。

中国共产党浙江省第一次代表大会,就是在上述情况下,根据党中央关于召开全国代表大会的决议和通知以及东南局的指示召开的。党的第七次全国代表大会,党中央原来是打算在 1940 年召开的,所以,浙江省委要在 1939 年 7 月选好出席"七大"的代表。在这以前,大部分特委都召开了党代表大会,选举了出席省党代表大会的代表。

浙江省党代表大会于 1939 年 7 月 21 日至 30 日在平阳县凤翱(凤卧)乡的冠尖和马头岗召开。开幕式、闭幕式以及刘英同志的政治报告和一次大会发言,是在冠尖进行的;小组会、两次大会发言及选举是在马头岗进行的。出席代表有 25 名。计省委机关 5 名,刘英、薛尚实、汪光焕、吴毓、丁魁梅;浙南 7 名,龙跃、林辉山、郑海啸、陈平、孙经邃、孙绍奎、刘发羡;处属 3 名,张麒麟、周源、傅振军;台属 3 名,郑丹甫、周义群、林尧;宁绍 3 名,杨思一、高子清、谢廷斋;金衢 3 名,林一心、王明扬、何霖;浙西 1 名,顾玉良[1]。此外,省委机关干部程为昭,浙南干部胡景瑊、陈碧如、陈辉、杨雅欣、郑竟成、郭道款、郑贤塘等列席了大会。正式代表加列席的共 30 余人。参加闭幕式的人则更多,浙南特委和平阳县委两机关的一些干部以及所在地的支部书记和支部委员也都参加了。

---

〔1〕 出席中共浙江省第一次代表大会的代表应为 26 人,除回忆中提到的 25 人外,还有宁绍特委代表魏文彦。

平阳县委民运部长叶廷鹏也参加了闭幕大会,并以来宾身份发表自由演说,讲了1931年他在平阳鳌峰小学当炊事员时与改组派作斗争的情形,讲得慷慨激昂。大会秘书处工作人员有刘清扬和邢子陶[1]同志。

大会开幕时,一致选举了毛泽东、朱德、周恩来、张闻天、秦邦宪、王稼祥、项英、曾山等为党代表大会名誉主席。一致选举刘英、薛尚实、汪光焕、龙跃、张麒麟、顾玉良、郑丹甫、杨思一、林一心、林辉山等组成大会主席团。

省委书记刘英在大会上致开幕词和闭幕词,并做了政治报告和提交了两年来浙江工作的书面总结。各特委的代表团团长多数在大会上作了工作汇报,只有金衢和浙西两个特委因工作保密关系,他们没有在大会上汇报。大会最后通过了《目前形势和浙江党的任务的决议》[2]以及《告浙江全省同胞书》[3]等文件。《目前形势和浙江党的任务的决议》指出,在日本帝国主义全面进犯的形势下,浙江的形势正在急剧变化着,将由抗战第一阶段的辅助地位变为主要地位。因此,对浙江全党和浙江人民提出了7条任务,这就是:一、加紧全民动员,武装保卫沿海,保卫浙江,打退敌人的进犯;二、加紧统一战线工作,克服摩擦,巩固与扩大抗日民族统一战线;三、加紧国民精神总动员,提高民族意识与抗战意志,克服悲观动摇,反对投降妥协;四、争取省、县参议会,扩大民主,促进基层民主设施,推进民主政治;五、实施对敌经济封锁,发

---

〔1〕 还有郑嘉顺。
〔2〕 即《关于目前抗战形势与浙江党的任务的决议》。
〔3〕 即《告全浙民众书》。

展自给自足经济;六、增强战时生产,改善民众生活,救济难民、饥民及失业、失学青年;七、动员与组织广大工、农、青、妇,发展民众团体,扩大群众运动,积极参加各种抗战工作。

决议指出:要深入到各县、各区、各产业、各群众团体中去,大量发展党员,吸收产业工人、农民、革命知识分子入党,健全支部生活,加强支部教育;要有计划地培养地方干部、军事干部和各种专门人才,并加强对干部的政治、理论教育,提倡党员干部学习军事;要严防汉奸、国民党特务和亲日派混入党的组织,提高党员的政治警惕性,正确区分秘密工作和公开工作的界限并加强两者之间的联系,清洗政治面目不清的分子出党,以保卫党的纯洁性。此外,小组会上还讨论了几个专门问题,如什么叫"左"、右倾机会主义,如何正确开展两条路线的斗争;什么是公开工作与秘密工作的界限以及如何加强两者之间的联系等。

在这次代表大会上,以无记名投票的方式,选出了出席"七大"的代表:刘英、龙跃、张麒麟、郑丹甫、杨思一、林一心、丁魁梅、林辉山、孙绍奎、刘发羡等10位同志,谢廷斋为候补代表[1]。

大会又以无记名投票的方式,选出了刘英、薛尚实、汪光焕、龙跃、张麒麟、郑丹甫、林辉山等7位同志为省委委员[2],

---

〔1〕 选举产生的出席中共七大的浙江正式代表应为12人,除回忆中提到的10人外,还有刘清扬、顾玉良。候补代表应为3人,除谢廷斋外,还有林尧,另一人姓名不详。

〔2〕 中共浙江省第一次代表大会选出的省委委员应为9人,除回忆中提到的7人外,还有刘清扬、顾玉良。

杨思一、林一心为省委候补委员。刘英、薛尚实、汪光焕为省委常委。刘英为书记，薛尚实为组织部长，汪光焕为宣传部长，统战部长仍由刘英兼任。顾玉良原来是省委委员，东南局意见，浙西特委今后归东南局领导，顾玉良不再参加浙江省委，因此代表大会就没有选举顾玉良为省委委员了。1940年冬[1]，薛尚实调东南局后，他的省委常委、组织部长职务由龙跃继任。

代表大会闭幕后，省委常委经过酝酿，考虑到主要干部很多都到延安开会去了，怕影响工作，特别是怕影响浙南基本地区的工作，因此决定将龙跃留下，由龙跃配合薛尚实主持和照顾省委与基本地区两方面的工作。丁魁梅因怀孕不能去延安，决定由候补代表谢廷斋补上。代表团在团长刘英的率领下于1939年9月17日[2]从丽水动身去东南局集中。代表团到了皖南后，接到毛主席的电报，谓时局正在逆转，刘英不能离开浙江。因此，刘英在征得东南局同意后，又与代表团中的3个特委书记张麒麟、郑丹甫、杨思一一起回到浙江。出席"七大"代表由金衢特委书记林一心率领前往延安，同去的代表有林辉山、孙绍奎、刘发羡和谢廷斋。

1940年形势逆转后，浙江各地一些搞公开工作、暴露了身份的党员干部都陆续向皖南撤退了。为了适应斗争形势的需要，有的特委的机构、辖区作了变动：金衢特委分为金属特委（书记王明扬，后为朱维善，朱被捕后由陈雨笠代理）和衢属特委（书记张贵卿）；宁绍特委分为宁属特委（书记高子

---

〔1〕 应为1939年冬。

〔2〕 应为1939年10月17日。

清)和绍属特委(书记杨思一);处属地区的基本地区改为闽浙边委(书记张麒麟,张牺牲后,由宣恩金代理),原所属的丽水中心县委(书记顾春林,1942 年 2 月后为傅振军)归省委直接领导。

1941 年 4 月,浙江省委接到毛主席的电报,谓浙江代表已顺利到达延安,请浙江省委放心。毛主席于 1939 年电令刘英不要离开浙江;代表团到达延安后,又拍电报来,可见党中央、毛主席对浙江非常重视。代表们在路上走了 15 个月,也是够辛苦的了。

省党代表大会结束后,我们及时地向各级党的组织进行了传达,并组织干部学习讨论,贯彻执行。

(选自龙跃:《坚持浙南十四年》,浙江人民出版社 1987 年版。参照中共党史出版社 2007 年出版的《中共浙江省第一次代表大会》一书加注)

抗日救亡的号角　浙江党史的丰碑

林一心　谢廷斋

1939年7月在浙南平阳胜利召开的中共浙江省第一次代表大会,至今已经55周年了。多少美好的回忆,半个多世纪以来一直萦绕于我们的记忆之中。往事如碑,历历在目。兹就我们对大会的记忆,扼要写出,以纪念55年前这次有历史意义的大会。

一、全省党的基本情况和形势特点

抗战两年多来,浙江人民在中国共产党的领导和一切抗日爱国人士的努力下,掀起了轰轰烈烈的、遍及全省城乡的抗日救亡运动。战争教育了人民,战争锻炼了人民,提高了人民的觉悟。到1939年7月省党代表大会开幕时,团结在党周围的、浙江有组织的群众已达几十万人,其中有几万名进步青年是各级各种群众抗日救亡组织的骨干。在这个广泛的群众基础上,浙江党根据中共中央和东南局的指示,及时和大量地发展了党员,建立了党的各级地方组织。在省第一次党代表大会开幕时,全省已拥有19000多名共产党员;在中共浙江临时省委的领导下,已建立起浙南、处属、台属、金衢、宁绍、浙西等6个特委,有50多个县已建立了中共县委会或县工作委员会,没有建立县级领导机构的县份也有党员、支部或特支。尽管重建后的浙江党组织和极大部分党员都是新的、缺乏政治斗争锻炼的组织和战士,但他们有党的领导和几十万各界群众的密切联系,朝气蓬勃、年轻有为,不计个人得失,富于革命牺牲精神。这是一支浙江党历史上空前的伟大力量,是浙江当时坚持抗战、坚持进步、反对投降、反对倒退的中流砥柱。正因为如此,也就成为浙江顽固派所最害怕、最不愿意见到的"必欲置之死地而后快"的抗日进步力量。

而当时浙江抗战形势的特点是:浙江已成为战争的前线,但敌人暂时还没有大举进攻;政治形势已经开始逆转,但这种逆转还是初期、局部的、渐进的;黄绍竑虽然已逐渐消极、退缩、右转,但当时还有一定的能量与作为。因此,在广大的国统区和敌后方,在各种错综复杂的政治关系中,还有我们党工作和活动的时间、空间和机会。这就是省第一次党代表大会召开时的全省党的基本情况和形势特点。

二、省第一次党代表大会的准备

1937年12月23日党中央政治局作出了召开党的第七次全国代表大会的决议,1938年9月开始的六届六中全会继续讨论了召开"七大"的准备工作问题。1939年2月1日中共浙江省委作出了关于第七次全国代表大会准备工作的决议,号召浙江全党加紧从政治上、组织上进行准备,做好宣传和选举工作。

应该特别指出:1939年三四月周恩来到浙江前线视察,

在金华秘密召见刘英、薛尚实、汪光焕、龙跃、吴毓等省委领导时所作的对全国与浙江抗战形势的分析和浙江党今后工作方针与任务的指示，是省委进行第一次党代表大会的各项议程准备的主要指导思想。当时周恩来指示："目前浙江的政治形势还算好，但也有反共摩擦逆流，我们要提高警惕"；"浙江党的组织经过1938年的大发展，今后要加强巩固工作，也要继续发展，尤其要向空白地区发展，但必须巩固重于发展，质量重于数量"；"对来历不明、政治面目不清的党员要进行审查，严防国民党特务、汉奸和托派分子混入党内"；"要加强党员教育，培养干部，特别要培养军事干部，派到沦陷区去工作"；"要坚持抗日，坚持团结，坚持进步"，以"巩固和发展抗日民族统一战线"；"在国民党政府机关和群众团体工作的干部要埋头苦干，不暴露、不突出、不刺激"；指示在文化战线上工作的干部"不要搞得太红，要讲究斗争策略，隐蔽一点"；等等。这些重要的指示，省委不仅贯彻在省第一次党代表大会准备的各项议程之中，而且及时作出了《关于周恩来同志指示的决定》，迅速传达到各个特委贯彻、落实。

遵照省委关于"七大"准备工作的指示，金衢特委所属的金华、兰溪、东阳、义乌等县委均于4月间召开了党的代表会，总结本县党的各项工作，选举出席特委第一次党代会的代表。在这个基础上，金衢特委于5月份在兰溪召开了全特委第一次党代会，参加会议的有林一心、王明扬、朱惟善、吴拯黎、李乐山、马丁、王志远、何霖、江征帆、黄祖明等12人，会议听取了林一心的工作报告，检讨了过去一年多来的工作，研究了当时的形势，确定了今后的任务，选举林一心、王明扬、何霖为出席浙江省第一次党代表大会的代表。中共宁绍特委所属的宁波、慈溪、余姚、诸暨、嵊县等各县委亦均在4月份分别召开了县党代会,总结工作,选出参加宁绍特委党代会的代表。1939年5月,宁绍特委党代会在诸暨县枫桥区安山村召开,参加会议的有杨思一、高子清、魏文彦、王正山、张光、余宗凯、张月珍、金如山、谢廷斋等10余位代表,省委派汪光焕莅会指导,省妇联的程为昭亦列席了会议。会议听取了杨思一代表特委所作的工作报告,分析了形势,总结了工作,确定了今后的任务,选举杨思一、高子清、魏文彦、谢廷斋为出席省第一次党代表大会的代表。

1939年6月,省委决定省第一次党代会在浙南平阳山区召开。因为这里是刘英、粟裕领导的工农红军坚持闽浙边三年游击战争的基地之一,有革命的传统和坚强的政治基础,党与群众均经过长期革命斗争的考验,党群关系血肉相连,亲密无间。这里党组织掌握着一些"白皮红心"的乡镇、保甲政权,党与当地一些上层分子有较好的统战关系。这里既可以掌握周围几个城市的敌、顽动态,又可以对外封锁消息、保守秘密。事实上抗战初期的平阳山区仍然是国民党统治区内一个隐蔽的红色基地,在这里举行省第一次党代会是安全可靠的。以后的历史实际也证明了这点。

三、庄严隆重富有历史意义的胜利大会

1939年6月底、7月初,金衢、宁绍特委接到了省委关于7月下旬在平阳举行省党代表大会的通知,两个特委参加大

会的 7 位代表,分别从各自的地区出发,于 7 月 20 日以前赶到省委在温州城内的秘密联络点。当晚即在温州城里分散隐蔽地住了一宿,翌日黎明前由秘密交通员分别带我们到城边一个小码头,登上两艘小木船,离开温州,经水路向平阳进发,船夫肯定都是自己的同志,但按秘密工作原则无需询问。两船同行,宁绍在前,金衢在后,相互保持着一定的距离。船行半日,到了一个镇子附近,遇上了国民党军队的几个巡逻兵,他们吆喝,查问我们是干什么的,到哪里去。命令我们小船靠岸接受检查。在这无法回避的情况下,头船主动靠岸,谢廷斋即跳上岸去与巡逻兵交涉,原来这是省抗日自卫队的巡逻兵,谢则出示省抗日自卫队第六支队第一总队谍报室(当时在余姚县委控制、掌握下)的"特务证"交验,说明是"奉命"到此地执行特殊任务的,并乘机打听这一带的"敌情"。巡逻兵见是"自己人",即简要告诉了附近情况后善意放行。谢廷斋道别后回到船上,命船继续前进,后船亦即迅速跟进。一场虚惊平安渡过,后来两个特委的同志均很欣赏这个"掩护武器"。当日下午黄昏时分,船抵平阳境内一个小小的码头,我们即弃船上岸,在向导的带领下迅速进入平阳山区,越走天越黑,越走越是小路崎岖、山峦重叠,我们意识到脚下正是坚持 3 年浴血奋战的浙南游击根据地,心情都很不平静。快接近目的地,黑暗中几次碰到浙南特委布置的秘密岗哨的盘问,使人感到这里仍保持着严密的红色警戒,到处有保卫革命的"带枪的人"。深夜,我们安全到达省委所在地——平阳县凤卧的玉青岩村。进村,交通员直接领我们到刘英住处(一个群众家里),适汪光焕也在那里。他们见到我们按时安全到达,都很高兴,交待工作人员为我们迅速安排好住处,准备晚饭,并嘱咐我们要很好休息,以便精力充沛地开好会议。翌日,薛尚实、龙跃也来看望我们。大会秘书处迅即发来有关文件,我们则抓紧时间学习。

7月21日,党代表大会正式开幕。我们一进入会场即感到一种隆重热烈的气氛,场内主席台正中悬挂了中共党旗,两边插了红旗,上方是大幅会议横标,四周又是好多锦旗和彩纸标语。会场空间开阔,桌椅整洁,人员来往井然有序。这一切,对我们来自国民党统治区的地下党员来说,是很新鲜的。

8时正,大会开始,刘英致开幕词和通过大会议程、通过主席团名单。接着刘英代表省委作政治报告。《报告》回顾和总结了一年多来浙江党的各项工作,肯定成绩,指出缺点,分析了当时国际国内的军事、政治形势,提出了浙江党今后的主要任务和斗争策略;号召全省共产党员与党的各级组织,进一步发动群众、依靠群众开展抗日救亡运动,打倒日本帝国主义;号召全省人民组织起来,准备武装斗争,加强国民党地方团队的工作,加强浙西等沦陷区的工作,组织人民参加和扩大游击战争;巩固和扩大抗日民族统一战线,坚持抗战、团结、进步,反对投降、摩擦、倒退;要求各级党委加强党的建设,进一步巩固和发展党的组织,加强党内阶级教育和革命教育,提高党员素质和政治警惕性。《报告》号召全浙共产党员团结战斗,克服困难去争取更大的胜利。

政治报告后,全体代表分组进行讨论,金衢、宁绍两地代表编为一个小组,进行了热烈详尽的讨论,然后宁绍代表组指定谢廷斋在大会上发言,主要是汇报了宁绍特委群众运动的情况和余姚党领导贫苦农民进行减租退押斗争,领导山民、盐民反对恶霸、反对奸商、争取改善生活的斗争情况。

经过全体代表热烈的讨论,大会通过了《目前形势和浙江党的任务》[1]和有关统一战线工作、职工运动、青年工作、妇女工作等10个文件。大会以无记名投票方式,选出了新的中共浙江省委员会成员,选举了出席中共第七次全国代表大会的代表和候补代表,其中包括金衢特委的林一心,宁绍特委的杨思一、谢廷斋(候补)。

大会于7月30日圆满结束,各地代表怀着战斗的激情,秘密地离开平阳,返回各自的工作岗位,迅速把大会的决议和精神传达到所属各县党组织,认真进行贯彻。

四、大会以后

1939年8月以后,金衢和宁绍特委根据省党代表大会的决议和发展中的政治形势,进一步开展抗日救亡运动,加强沿海、山区、浙赣铁路员工中及其两侧地区的党的发展工作和群众工作,为未来开展对敌游击战争打好党与群众基础,两特委均分别召开了青年活动分子会议和妇女工作会议,以加强当时比较薄弱地区的群众工作和全区比较薄弱的妇女工作。

这一时期宁绍特委加强了杭州湾北岸和定海沦陷区建

---

〔1〕 即《关于目前抗战形势与浙江党的任务的决议》。

立武装部队、开展游击战争的工作,加强了对国统区地方部队的工作,通过群众团体动员和组织适龄青年志愿参军,在党领导的群众组织中建立自卫队、土枪队、梭镖队等半武装组织,并对他们进行游击战教育。金衢特委加强了国民党地方团队中的统战工作,并在金华、武义等县的地方军队中建立了党的支部,发展了一些共产党员;在金华和各地邮电系统中建立党的工作,通过它掌握当时省内的军事、政治、社会情况,也对各地党组织传递有关信息。

在统一战线工作方面。两特委均积极开展对中下层统战对象的工作,以扩大抗日民族统一战线的基础。贯彻团结进步分子、争取中间分子、孤立顽固分子的统战工作方针。在政治摩擦事件中,努力做到"有理、有利、有节"。在国民党政权、军队和上层机关中工作的党员,努力做到"不暴露、不突出、不刺激",埋头工作,长期坚持,争取胜利。

这一时期两特委均加强了党的建设。建立了兰溪、义乌、江山、宁波、余姚、诸暨、嵊县等中心县委,以照顾和加强其附近县份党组织的各项工作指导。全区党组织实行以巩固为主,巩固重于发展、质量重于数量的方针。严密党的组织,严格区分公开工作和秘密工作,禁止做秘密工作的党员进出政府机构和群众团体,做公开工作的党员进出党的秘密机关。切断党组织之间和不属于同一小组的党员之间横的关系,对部分党员实行单线联系。强调党员的社会职业掩护,调动一部分面目较红的干部异地工作,停止了一些动摇分子的组织关系。

总之,在省党代表大会以后,我们在省委的领导下,在群众运动、武装工作、统一战线工作、文化工作等方面，做了很多工作，取得了较大的成绩，党的组织也得到巩固和发展。到1939年底，金衢地区党员发展到1700多人，宁绍地区的党员发展到2000余人。

1939年10月，省委通知各特委出席"七大"的代表到金华的省委秘密联络点集中，我们奉命按时到达。10月中旬，在两位新四军干部的掩护下，我们均化装成新四军的干部和战士，由刘英书记亲自率领，从金华出发乘车去皖南新四军军部（即中共中央东南局）报到，以便转赴延安参加"七大"。我们在军部待命一月有余，到11月底，东南局书记项英向刘英传达了中央的电令，大意是：鉴于国民党顽固派发动第一次反共高潮，国内政局恶化，要刘英不去延安，回浙江继续领导浙江党和人民，坚持斗争。刘英毫不计较个人的得失安危，愉快地接受了党中央赋予的重任。经与东南局商定，刘英率张麒麟、郑丹甫、杨思一等3位特委书记回浙江坚持工作，指定林一心负责率林辉山、孙绍奎、刘发羡、谢廷斋一行5人去延安参加会议。12月上旬，我们5人在云岭军部同刘英等互道珍重，依依话别。不料这竟成为我们同刘英、张麒麟同志的永别。

1940年1月中旬，我们浙江5位代表与南方8省区地下党组织的代表们一起，从东南局出发，经过敌后各抗日根据地，偷越过无数道敌人的封锁线，长途跋涉，于1940年12月16日才安全到达党中央所在地——延安。又经过4年多在中央党校的学习与等待，于1945年4月至6月代表浙江党参加了有历史意义的中国共产党第七次全国代表大会，完成了浙江省第一次党代大会赋予我们的光荣使命。

（选自中共平阳县委党史研究室编：《光辉的历程》，中共党史出版社 1994 年版）

参加省第一次党代表大会的
一些回忆

邢子陶[1]

1939 年我在中共宁绍特委任组织部长，我向省委提出要去皖南中共中央东南局党训班学习，刘英要我去省委所在地丽水。我在清明前后去省委，刘英叫我先在省委帮助工作，待有机会再去皖南。6 月中下旬，刘英先去平阳，我是 7 月初去的。

浙南平阳我在 1937 年底已去过一次，那时要成立浙江省委，我们领导的中共浙江省工作委员会要请示刘英如何改组，我和顾玉良同去。这次是第二次，浙南的方言我一点不懂，先到温州，找到关系，由那边同志带我去平阳山区基本地区。去后我和郑嘉顺、郑嘉治等住在一起。

刘英叫我帮助省委整理些材料。这次大会给我的印象是：

1. 在会上刘英做了很多工作，他不但担负了大会的整个领导和组织任务，还经常去代表驻地谈话，接近代表，熟悉情

— 117 —

况,使同志们感到很亲切。不久以后,他就能叫出许多代表的名字。

2.当时开会地点是在国民党统治地区,但群众却是我们的,乡保长也是"白皮红心"的,是我们自己的人。虽然大会开得很热闹,有布置得很好的会场,能开一二百人的大会,儿童团献花,集体宴会……但感到是很安全的,和在城市里或其他地区完全不一样。这是红军挺进师在浙南三年游击战争时打下的基础。

3.会议结束时,开了一个文艺晚会,很出色,给我留下深刻的印象。好多少年儿童表演了精彩的节目,唱了红军歌曲,使那时一直在白区工作的我,在心灵上感到深深的震撼,它仿佛预示着革命成功那天一定要到来,增强了自己的信心。

这次大会,意义是十分重大的,主要是:

1.我们党在浙江大地上打开了局面,在各地已发展党员万人以上,几乎遍及整个浙江。这是自大革命以来从来没有过的。

2.自上而下建立了统一的领导机构,在浙江省委领导之下,建立了浙南、金衢、宁绍、浙西、丽水、台州等各地特委和特委所属的县委、县工委,浙江全党空前的统一,这也是历史上从未有过的。

3.制定了浙江全党的抗日民族统一战线的方针和政策,统一了全党的思想,为今后浙江的抗日斗争指明了方向和道路。

但这里也应指出,当时浙江省委是在中共中央长江局和东南分局领导之下的,王明和项英的右倾机会主义路线不可能对浙江党没有影响。这在大会的 3 个文件中可以看得出来。以后也由于对国民党的反共方针警惕不够,致使党的领导机关被破坏,造成严重损失。

我于 1939 年 11 月去皖南东南局,此后浙江党的情况不甚了解。

（选自中共平阳县委党史研究室编:《光辉的历程》,中共党史出版社 1994 年版）

省第一次党代表大会二三事

郑嘉顺[1]

1939年7月下旬,中共浙江省第一次代表大会在平阳县北港召开。主要议题有三:第一,总结抗日战争爆发以来党的工作,遵照中共中央的指示,部署浙江下一步党的工作;第二,选举省委领导机构;第三,选举出席中共第七次全国代表大会代表。这次省党代表大会在浙江中共发展史上写下了光辉的一页。

在这里,我只是对当时的几件具体事例作一回忆。

会址的选择

当时浙江的大片土地已经沦陷。我们的党在国民党统治区工作,是处在秘密环境中,国民党反共顽固派千方百计制造摩擦。为了会议的安全,刘英和省委经过仔细分析和调查,选择在温州平阳县北港凤卧乡召开。这里号称"浙江的延安",是隐蔽的老根据地,红军改编新四军北上抗日,省委机关迁往温州和丽水以后,中共浙南特委机关长期在这里活

---

[1] 郑嘉顺(1923—2022),福建福鼎人。1936年加入中国共产主义青年团,1938年加入中国共产党。曾作为工作人员参加中共浙江省第一次代表大会。先后任中共瑞安县委书记,温州市市长、市委书记,浙江省第六届、第七届人大常委会委员等职务。

动。从县、区、乡和村均有坚强的党组织,群众基础好,总的统战工作也搞得好,另外还有一支短小精干的武装力量,必要时可以进行自卫。在这里开党代表大会安全是有保障的。

会议文件的准备和起草

会议文件的形成充分体现了党的民主作风,所有文件都是领导亲自动手,集体讨论、修改、通过的。会议的政治报告是刘英亲自写的,各个专门报告也是省委其他领导和部门负责同志亲自写的。为了写好报告,省委领导提前到达平阳,先住在凤卧乡玉青岩村,由刘英主持召开预备会议,充分发扬民主,讨论修改补充。对会议文件定稿、翻印,刘英抓得很紧,为了使全省党代表回去传达会议精神,刘英亲自布置会议文件的翻印,会议结束时,就编印了《大会特刊》,把会议文件编印成册,让代表带回。为了完成这个任务,临时调了一些同志帮助油印组工作,如当时任中共泰顺县委青年部长的王烈怡就参与了这项工作。

周密的安全保卫措施

为了确保安全,浙南特委和平阳县委都作了周密的部署。龙跃和郑海啸亲自过问,要求做到代表来开会的路上安全进出,并保证会议安全开好。代表从全省各地集中平阳凤卧乡时,都经过精心化装,有的装扮成国民党政府的工作人员,有的化装为商人,并经过各个交通站精心安排,派人接送,因此,做到安全到会。为了确保会议安全,在北港各地动员党员和群众在水头街和山门街以及交通要道秘密放哨,监视和传送国民党军警活动情况。还布置在国民党机关内的共产党员和统战朋友密切注意调查了解国民党地方当局活动情况。

以原来中共浙江省委和浙南特委警卫班为基础,动员特委机关所有工作人员武装起来,临时组建了一支20多人的武装队伍,在会场和代表驻地周围放哨巡逻,特别是对冠尖村主会场的制高点日夜警戒,以应付突发事件。

因为开幕和报告发言在冠尖村的主会场,而且参加会议的来宾较多,为避免暴露,大约过了4天,把会议下半段移到马头岗召开。为了保密,采取了夜间行军,要求代表尽可能不穿白色衣服。从冠尖到马头岗要下一个山坡,还要翻过500多米一条山岗,由于刚下过一阵小雨,黄泥路很滑,这对于我们过惯游击队生活的人是家常便饭,但多数代表都是长期在城市做地下工作,在山区夜行军是不习惯的,因此在转移时就由警卫班和工作人员带领、搀扶着他们。就是这样,仍有人跌跤,弄得满身烂泥。但大家都感到这生活很新鲜有趣,情绪很高。有的代表滑倒时哈哈大笑,喊着说:"我又坐汽车了!"10多华里的山路,就走了近3个小时。

在马头岗我们的会议刚刚结束,就得到消息,山门街的国民党自卫队已经有异样的活动。这样,我们又从马头岗搬到凤林村宿营。

代表们的生活琐事

会议时间虽然比较短,但是充分体现了团结、紧张、严肃、活泼的作风,从开始到结束,大家情绪都十分高涨。

休息时搞戏剧演出,代表们的歌声不断,大家最感兴趣的是听郑嘉治演唱《延安颂》。他唱得好,表情又好,听起来很过瘾。唱呀唱,大家就不约而同引吭高歌了。当时没有搞活报剧,但有些开起玩笑来,活灵活现,就像演活报剧。大家最开心的就是同中共浙西特委书记顾玉良开玩笑。他个子矮,又穿一套黄卡其制服,浙西又是沦陷区,许多代表都叫他"日本俘虏兵",这时,他就表演起来,真的像个日本俘虏。

当时,我们的生活是很艰苦的。我们干部每月生活费是4元5角,加上1元的零用钱,有时还发不到。会议期间,浙南特委为使代表们开好会,作了最大的努力,确保会议的后勤保障。开幕和闭幕会餐两次,有10来个菜,平时是两三个菜一碗汤。省委领导和代表夜里工作时,有点简单的夜餐。在马头岗时,半夜后,给刘英送去一碗鸡蛋炒粉干,他高兴地喊道:"今晚是特别优待了!"

会议中天气很热,但没法洗澡,大家只是用木脸盆盛点冷水擦擦身体。为了避免暴露目标,洗好的衣服不能晾在房子外面,只能晾在屋后或树林里。

(选自中共平阳县委党史研究室编:《光辉的历程》,中共党史出版社1994年版)

关于省第一次党代会的
安全保卫和后勤工作的几件事

郑海啸

  1939 年 7 月 21 日至 30 日,中共浙江省第一次代表大会在平阳县凤卧乡凤林村的冠尖和马头岗召开。来自全省各地的正式代表和列席代表共 30 多人。此外,还有省委机关工作人员和为大会服务的人员等,合计将近百人。

  省党代表大会召开前夕,省委书记刘英和浙南特委书记龙跃找我谈话,他们分析了当时的革命形势,指出:国民党顽固派是怯于对外,勇于对内,制造反共舆论,进行破坏活动。指示我要提高警惕,保证党的代表大会胜利召开。刘英还说:"平阳党组织基础好,群众觉悟高,省委决定在凤卧乡召开党代表大会,你是浙南特委常委、平阳县委书记,又是当地干部,对情况了解。党代会的安全保卫和后勤工作,就要由你来担当了。"刘英一双炯炯有神的眼睛看着我,表示对我无限的信任。他停了停又说:"省委完全相信你能完成这个光荣而又艰巨的任务。"

  听了领导的谈话,我心里十分激动。当时,我只说了一句:"在省委领导下,我尽一切努力去完成任务。"刘英立即严肃地指出:"努力还不够,要保证。"接着,刘英谈了开会的具体时间和地址。

根据刘英的指示，在龙跃的直接领导下，我对党代表大会的安全保卫和后勤工作，重点抓了下面几件事：

1.调整交通员，健全联络站。这是关系到代表们往来的安全和大会的保密工作。县委决定对联络站和交通员进行认真的调整，选择一批政治上最可靠的人员，如吴可厚、翁吉生（星）、陈观威、郑志亮、金大巨、郑明德等，护送各地来的党代表直接到省委机关所在地。对于其他人员和信件均在联络站转送，如凤林村的联络站由金澄梅负责，来往人员和信件由她接待和转送。

2.侦查顽军动态，加强情报传递。在大会地址周围数十里内外的主要街镇，建立了情报站，如水头街、山门街、大峃、高楼、腾蛟、平阳坑等地，都指派了专门人员，如林瑞清负责山门、大屯一线，吴可邦、洪汝兰负责高楼、腾蛟一线，黄美迎、郑志荫负责水头、凤卧一线。他们的任务，是及时了解国民党军队有否调防，一旦发现情况，就要像接力赛跑一样迅速地向县委指定的地点传送情报。如遇紧急情况，及时在山上发出警报：白天以烟、晚上以光为信号。

3.反便衣侦探，与顽敌斗智。狡猾的顽固派，经常派人化装成小贩、乞丐或算命先生，钻进山村来，探听我地下党和游击队的活动情况。对于这种密探，经过教育的革命老区人民是十分警惕的，并能巧妙地对付，使他们探听不到真实的情况。我们的对策是：在我们同志住房附近的交通道口设监视站，发现陌生人，立即发出暗号，如骂鸡、骂狗的语言，说明有人来了，以提醒屋里人停止讲话声响。但是，顽固派也千方百计搞突然袭击。有一次，一个装扮成小贩的探子，借口讨水喝,闯进屋来。当时同志们正在里间开会,房主人随机应变,立即以夫妻打架场面出现,一个拿扫帚,一个拿菜刀,又打又骂,弄得那探子大吃一惊,水也不敢喝,扫兴而去。

4.组织党员,配合机关警卫人员站岗放哨。当时,省委和特委机关的警卫人员有的不会讲本地语言,遇有情况,不便公开露面,需要有当地党员群众的协助。因此在省党代表大会期间,凤林村和马头岗党支部分别由郑志偶和翁吉忠负责,把党员组织起来站岗放哨。

大会期间,我们还指派当地同志把水井看管起来,以防坏人投毒。

至于后勤供应工作,刘英布置任务时,曾风趣地说:"老海,这次全省各地区党代表来平阳开会,他们都是你的客人,你要好好招待招待,不能和平时一样老是吃咸菜,要吃点肉。"

当时我党处于地下活动,后勤工作任务十分艰巨。农村没有粮站和菜市场,又不可能公开到街上采购物品,一切只能通过党支部去筹办。如粮食、肉类分头由当地党员去购买,并亲自送到机关来。蔬菜除购买一部分外,还靠当地党员和群众从自家种的菜中拿出一部分来,并以慰问的名义赠送给会议。山货和海产品是通过凤卧街黄加木、郑叔铭、郑志通等小商店协助,秘密购买来的。

大会闭幕式上,省委邀请当地党支部书记郑志偶和德高望重的支持革命的老人郑志西、郑学超等参加会议。晚上搞了一次会餐。凤林小学的师生,还为大会演出文娱节目。郑学仁(即郑一平的原名)代表少先队队员在会上致贺词。

中共浙江省第一次代表大会,在冠尖山新楼宣告圆满成功。

（选自中共平阳县委党史研究室编：《光辉的历程》，中共党史出版社 1994 年版）

随刘英赴皖南

谢廷斋

　　我第一次见到刘英,是 1939 年 7 月在浙南平阳召开的中共浙江省第一次代表大会上。

　　我们宁绍特委以杨思一为首的四位代表,于 7 月 18 日(或 19 日)到达党在温州市内的秘密联络站。翌日黎明,在省委秘密交通的引领下,乘小船离温州,下午四五点钟到达平阳境内的一个小码头,旋即弃船上岸,迅速进入山区。越前进越是小路崎岖、山峦重叠,边走边使人意识到脚下正是红军坚持三年革命战争的浙南游击根据地。快接近目的地时,黑暗中遇到了浙南特委布置的几层秘密岗哨的盘问,使人感到这里仍保持着严密的警戒。晚上九十点钟,我们安全到达党代会会场所在地——平阳马头岗村[1]。刘英已经与省委其他同志一起,先期到达这里。我们进村后,交通员把我们直接领到刘英的住处(一个群众家里)。刘英见到我们按时安全到达,很高兴,握手慰问,交代工作人员迅速为我们准备晚饭和安排住处,嘱咐我们很好休息,以便消除疲劳开好会议。当时他给我的印象是非常平易近人,亲切热情,使人感到接待我们的是同志和战友,不是让人望而生畏的首长。因此,我这个幼稚无知的青年党员一扫习惯的拘谨。

---

〔1〕　应为冠尖村。

　　7月21日，党代表大会开幕。大会开了20天〔1〕。其间，刘英代表主席团致了开幕词，又代表省委做了政治报告和两年来浙江工作的总结，主持新省委和出席党的第七次全国代表大会代表的选举工作，最后致闭幕词，宣告大会胜利结束。在这短短的20天里，他在会上的讲话和举止行动，给我留下了深刻的印象，使我受到极大的教育。

　　刘英同粟裕一起，在远离中央、孤悬敌后的险恶环境中，高举红旗，转战闽浙边区，坚持了艰苦卓绝的三年游击战争；在"七七事变"之后，他们又胜利地实现了两个很大的转变，即由十年苏维埃土地革命转变到抗日民族统一战线，由红军的武装斗争形式转变到抗日救亡运动的公开合法斗争的形式。这是多么不容易啊！

　　刘英思想敏锐，立场明确，在他的生动、风趣的语言中，充满着斗争的经验、胆识和魄力，使人听了感到振奋。

　　刘英作风民主，善于团结各方面的同志一道工作。当时浙江省委的领导成员中，有中央红军的领导同志，有长期坚持白区工作的老干部，有闽浙边红军游击根据地的老战士，有在国民党监狱中长期斗争、抗战后才出狱的共产党员，有工农同志，也有知识分子。刘英把浙江党组织的几个部分和来自各方面的领导骨干团结成一个统一的领导核心——浙江省委，胜利地开展了国民党统治区的各种斗争和党的建设工作。这也是非常不容易的。

　　刘英很注意革命队伍中新生力量的成长和培养。当时

---

〔1〕　中共浙江省第一次代表大会的时间是1939年7月21日至30日。

在中共浙江省第一次代表大会的代表中有各个特委的领导骨干，其中很多人都是像我这样的"初生牛犊"。刘英热情地关心这一代新人，大胆地信任和使用我们，激励我们为党和人民的事业去战斗。

刘英与当地群众关系密切，他在党和非党群众中威信很高。会议期间常有群众来访，他总是挤出时间与之倾谈。来访群众有的叫他"首长"，有的则叫他"可夫同志"，都是三年游击战争时期的老称呼。可见这些群众同他是老关系。

党代表大会一结束，我们即告别浙南，回到处在国民党统治区的宁绍特委，迅速地把大会精神和斗争任务传达、布置到各县党组织。两个月之后，即1939年10月中旬，接省委通知：令杨思一和我立即到省委在金华的一个秘密联络点集合，将赴延安参加党的第七次全国代表大会。我们迅即安排了工作，告别了宁绍特委的同志，化装潜行，按时到达指定地点。在我们到来之前，刘英已经从丽水赶到这里。这是我第二次和刘英在一起。

我们在金华住了四五天。离开金华之前，为了沿途安全和保密，我们按照省委通知，把原来用作掩护的证件和衣物统统交给省委保管。以刘英为首的九位代表都换上了新四军的军装，准备作为新四军的工作人员，到皖南新四军军部（亦即中共中央东南局机关）报到。出发的前一天，刘英为了了解文化界的情况和安排工作，还挤出时间去看望了当时在金华的邵荃麟和葛琴，他们两人是以作家和文化人的身份在这里坚持党的工作的。当时刘英要我们同他一起去。杨思一和我已经在秘密机关里憋了几天，也想在离浙之际，看看金华的市容，至少我是这样想的，因此我们（还有其他两位同志）欣然与刘英同行。刘英穿的是高级军官料子军服，背三角皮带，系着佩剑（国民党叫"军人魂"），脚蹬黑色皮靴，后跟上还套着铮亮的"马刺"，这一身合体的打扮，使他俨然成了一位威武的高级将领。跟在后面的我们数人，当然就成为军装笔挺、步伐矫健的随员了。原来去邵荃麟住处，必须经过国民党驻军一个司令部，门口站着双岗。当我们随刘英经过这个司令部门口时，哨兵立即向刘英立正、敬礼；刘英很熟练地随手还礼，从容地走过门口。当初刚出门走到街上时，我感到刘英今天有些冒险，或者是大意，怎么自己去看邵荃麟，也邀我们一起走走呢？一群人，目标很大，行动不便。回来时我才明白，原来刘英邀我们同行正是为了掩护自己的行动。因为既然打扮成一位高级将领，单身在街上走动是不相称的，而后面跟随着一帮随从，才是正常的、适宜的。国民党的特务和大兵们，怎么会知道这就是他们曾经悬赏通缉的共军首领和现在中共浙江省委的主要负责人。

第二天，刘英率领我们八人（即张麒麟、郑丹甫、杨思一、林一心、林辉山、孙绍奎、刘发羡和我），在两位新四军干部的护送下，离开金华，乘公交汽车奔赴皖南。途中几天的买票、验证、宿店、吃饭，都是新四军的护送干部安排的。三四天后，我们到达军部设在皖南岩寺的兵站，这就等于回到了自己家里，得到了一个整晚安定的休息。兵站站长是认识刘英的，招待十分热情，并立即与军部通话，报告了刘英安全到达的消息。翌日清晨，兵站派专车（军用卡车）送我们继续赶路。出发时，站长亲自告诉司机："要一路小心，保证安全。"

下午，我们顺利到达了目的地——皖南新四军军部。这是1939年10月底或11月初的事情。

我们住在军部招待所里。那是一幢小小的民房，中间是过堂，两侧是卧室，刘英、杨思一等四人住一室，其余五人住一室。军部总务科通知招待所，我们九人的菜金，每人每天从8分增加到1角8分。这已经是很大的优待了。刘英与我们同吃同住，没有任何特殊待遇。如果有的话，就是他的床位靠着窗口，那里光线好一点；窗下有一张小板桌，可以在这里接待客人和写点东西。我们在军部仍是保密的，招待员不知道我们是谁，只从增加菜金中知道我们是军部首长的客人。

刘英在军部招待所期间，袁国平、周子昆、曾山等领导人曾来这里看望，但是来的次数最多的是项英。项英一来，总是同刘英倾心长谈，有时一坐就是几小时。出于秘密工作的需要，我们从不打听他们交谈的内容。项英在谈话中笑声很高，这对于我们在国民党统治区只能低声细语的地下工作者来说，很不习惯，所以只要听到对面房间里传出爽朗的笑声，我们就知道项英又来看望刘英了。

根据军部的要求，刘英在这里改定了《浙南三年游击战争总结》[1]一文，交给孙绍奎和我誊抄清楚。我俩每人每天抄写七八千字，足足抄了一个星期。当时曾听说此文将发表在新四军的机关刊物《抗敌》杂志上，不知道后来是否发表了。

我们在军部住了一两周以后，项英亲自出面，袁国平、周子昆等作陪，宴请了刘英和闽浙两省到达军部的"七大"代

---

〔1〕 应为《北上抗日与坚持浙闽边三年斗争的回忆》。

表。席间,项英和袁国平讲了话,他们高度评价了闽浙边三年游击战争和当前浙江党的工作。袁国平在讲话中,还特别提到刘英是中共中央东南局所属各省的模范省委书记。

又过了一二周,当我们正在期待出发通知的时候,项英向刘英传达了党中央发来的电示,大意是:国内时局恶化,蒋介石加紧反共,刘英应返回浙江,坚持斗争。接着,刘英与项英商定:代表中的处属特委书记张麒麟、台属特委书记郑丹甫和宁绍特委书记杨思一,随刘英一起回浙江坚持工作;其余五人,由金衢特委书记林一心负责,率领林辉山、刘发羡、孙绍奎和我,代表浙江党组织去延安参加"七大"。不久,我们即从军部获知山西发生晋南事变、八路军西安办事处被抄、全国性反共高潮到来的消息。这说明中央作出刘英回浙的决定是必要的、正确的。最初,中央因为要了解闽浙边三年游击战争情况和抗战以来浙江党组织的工作,所以指定刘英亲去中央参加会议;现在因时局逆转,为了要坚持浙江斗争,重新决定刘英不去延安,返回浙江。这一来一回,都说明中央对刘英的信任和重托。我们见到刘英对中央的决定愉快地接受,毫无难色,而且立即就地与各特委负责同志研究回浙江后的工作。

当时,刘英曾与项英研究决定:为了应付时局突变,避免损失,把浙江各地面目已经暴露的共产党员撤退到新四军工作。这一决定对保存浙江党的干部,起了良好的作用。

刘英要回去了,我请他给我写几句临别赠言,以留作纪念。刘英在我的《生活日记》扉页上,以刚劲的笔法题写:"廷斋同志:你是朝气蓬勃、年青有为的共产党员,望你努力学习、积极工作,为中华民族的解放和人类最壮丽的事业终身奋斗!"在另一页上,又题写了"学而不厌,诲人不倦","学习、学习、再学习"。后来,我在这本《生活日记》中,又记上了刘少奇初到华中时在新四军江北指挥部干部会上的报告,题目是《从华北的经验看华中的工作》,还记上了各根据地领导同志给我们所做的报告的记录。后来,在一年的长途行军和四年多的延安学习生活中,这本《生活日记》经过雨淋汗沁,风吹日晒,已是封面剥落,装订松散了,但我始终爱如珍宝,带在身边,直到1945年8月我们离开延安的前几天,才交给了组织。因为当时中央决定我们浙江的5位同志仍回到日寇和国民党统治下的闽浙赣边区开辟工作,不宜带着这类东西。

我们在招待所居住期间,军部曾给我们发了新的灰色棉布军大衣,我因已有一件西式呢子大衣,所以未领。刘英要回去了,为了化装,他想用自己的新棉大衣调换我的旧呢大衣,于是请杨思一征得我的同意。这使我很感动,他为这点区区小事,竟如此公私分明,平等待人。

在最后分别时,刘英还专门把我们几位去延安的同志找来开了个会,嘱咐我们:要尊重林一心的领导;要做到团结一致,互相帮助,互相照顾;要以身作则,起模范作用,团结外省的同志,不要给各省党代表以不好影响;要努力学习,提高自己,完成党所赋予的光荣任务。刘英的临别嘱咐,我们5位同志确实是牢记在心头的。在一年多的敌后行军生活中和四年多的中央党校学习生活中,我们都是同生死、共患难、互相帮助、团结友爱的;直到"七大"以后离开延安,奔向敌后,旋又奉命转赴东北,始终如此。应该说,我们5位同志是实践了刘英对我们的嘱咐和教育的。

我记得刘英和其他同志是1939年11月底或12月初离开军部的，他们走后不久，我们即从军部搬到当时东南局驻地丁家山居住。1940年1月中，东南局派部队护送我们北上，1月28日晚偷渡长江，然后转入敌后，经过华中、华北各抗日根据地。12月16日，胜利到达党中央所在地——延安。

从1941年1月开始，我们5位同志断断续续地向陈云和中央组织部汇报了浙江党的建设和各方面的工作（我们详细地汇报了浙南、金衢、宁绍三个特委的具体情况，并写了书面报告，也汇报了以刘英为首的浙江省委组成人员情况和其他几个特委的主要负责人情况）。在汇报结束时，陈云向我们指出："看来浙江党是好的，党的领导掌握在经过长期斗争锻炼的老同志手里。"这就是当时党中央对浙江党组织和刘英的评语。

1941年1月21日和22日，党中央公布了皖南事变的消息。这使我们沉浸在万分焦急和沉痛中，想念军部八省健儿，竟遭此浩劫；也想到其中一定包括着新近从浙江调到军部工作的很多同志。联想到国民党顽固派的罪恶捕杀，必将祸及祖国的东南半壁，坚持家乡白区斗争的同志们，将处在更加艰苦残酷的斗争环境里。我们曾日夜为刘英等领导同志和战友们的安危担心。但是相隔千山万水，听不到任何具体的消息！

1942年夏天，周恩来从重庆回到延安，在中央党校做了时事报告。其中讲道：刘英被国民党抓去，他英勇斗争、坚贞不屈，已遭反动派杀害，壮烈牺牲！我们听到这不幸的消息，真是坐立不安、悲愤交集：国民党反动派欠我们的血债中又增加了这重大的一笔。血债是必须以血来还的。

1945 年 6 月初，党的第七次全国代表大会已经进入到酝酿选举新的党中央委员会这一议程。在华中代表团的全体会议上，代表团团长陈毅提议推荐几位在华中工作的领导同志作为新的中央委员候选人。这时陈毅激昂地说："如果刘英健在，我将力保他作为新的中央委员候选人。"可见，虽然刘英牺牲已 3 年了，但陈毅还牢记着他对党的贡献和想念着他的优秀品质！

（1982 年 8 月）

（选自中共浙江省委党史研究室、中共温州市委党史研究室、中共平阳县委党史研究室编：《中共浙江省第一次代表大会》，中共党史出版社 2007 年版）

省第一次党代会的保卫工作

廖义融[1]

浙江省第一次党代表大会,是 1939 年 7 月间在平阳县冠尖和马头岗村召开的。

代表 30 多人[2],来自宁绍、金衢、台属、处属、浙西、浙南特委及省委机关。有的代表化装成商人,有的化装成教师,冒着生命危险越过了国民党顽固派的层层封锁线,踏上了又陡又窄、曲折崎岖的山岭,上了冠尖山——大会所在地。大会由刘英主持。会议总结了抗战以来的工作经验,特别总结了坚持浙南 8 个月艰苦斗争的经验,部署了今后的革命任务,选举产生了中共浙江省委员会,选出了出席党的第七次全国代表大会的代表。

我们是怎样做好这次党代表大会保密、保卫工作的?首先是要做好大会的绝对保密工作,才能确保大会的安全、胜利召开。因党代表大会虽然是在基本地区的冠尖、马头岗山

---

〔1〕 廖义融(1921—1994),福建福鼎人。1936 年参加红军挺进师,1938 年加入中国共产党。1939 年 7 月,参加中共浙江省第一次代表大会的保卫工作。历任中共浙闽边区临时省委机关青年班班长、中共永嘉县委副书记、中共永青中心县委委员、永嘉县委书记。中华人民共和国成立后,历任中共温州市委委员,永嘉县委副书记、县长,温州市人委监察委员会主任,中共温州地委委员、组织部副部长,中共丽水地委委员、组织部副部长,丽水地区内务局局长,温州行署视察室副主任等职。

〔2〕 实为 26 人。

上召开，但是这个地方的附近都驻有国民党顽固派军队，还有特务、便衣队。本村亦有反动分子长期蹲在离该地20华里的水头区署。

国民党顽固派不抗日，而是加紧策划反共、反人民。1938年10月10日，国民党温台防守司令部曾查封了新四军驻温州通讯处，逮捕了省委的两位领导人和办事处的工作人员。还经常派遣特务、便衣队，打扮成讨饭的、算命问卦的、做小买卖的，窜到基本地区来活动。或白天以派捐税，夜里以拉壮丁为名，来我基本地区挨家串户地乱窜，妄图收集情报。当时我们的斗争十分艰苦，处境非常困难。我省第一次党代表大会就是在这样条件下召开的。在一个穷山区突然增加了代表和工作人员几十人，吃的、住的都是问题，特别是保密、保卫工作难度更大，是摆在我们面前的首要任务。

浙南特委书记龙跃、平阳县委书记郑海啸，千方百计做好代表们吃住的安排。龙跃在大会前一天告诉我们警卫班说："有件绝对保密的事告诉你们，省第一次党代表大会要放在我们浙南冠尖召开，明天代表就要到了。"并说："你们是武装同志，要化装成同当地农民一样，要依靠当地群众做好大会的保密、保卫工作，首先要做好大会保密工作。"当时我们警卫班听了这好消息都非常高兴，但又感到我们只有20来人，不用说没有机枪，就是连步枪也没有，仅有10多支旧短枪。万一发生意外，怎样对付张牙舞爪的国民党顽固派？因此感到责任重大。但我们深信只要紧紧依靠党的领导，密切联系群众，再大困难也能战胜。为了革命的利益，我们勇敢地、愉快地接受这个既艰巨又光荣的任务。遵照龙跃的指示,警卫班分为两个班、一个武工组。第一班负责大会所在地的保密、保卫工作。第二班负责离大会6华里的鸡子山和大屯地方的保卫工作,主要对付山门乡的顽军和特务便衣队。武工组7人负责离大会所在地10华里的赤沙地方的保卫工作,主要对付赤沙的反动地主、特务和北港区的顽军及便衣队特务。我们警卫班分成3路后,化装成农民深入群众,同地下党支部和基本群众打成一片,做好大会保密、保卫工作。

我们依靠地下党支部,做好基本群众的政治思想工作,使他们认识到党的保密、保卫工作的重大政治意义。做到了家家户户、男女老少有高度的革命警惕性(召开党代表大会没有告诉他们,只说最近同志多起来了,要注意保密、保卫)。因此他们对外来讨饭、算命问卦以及做小买卖的,凡有可疑的都采取了监视、防范和应急措施,并及时向我们报告。如大会所在地冠尖有个反动分子,长期蹲在北港区署。当会议开到中途,他突然窜回。群众发觉后就来报告,地下党支部就布置他所住的左邻右舍的基本群众,监视其动向。这家伙在当天下午就窜回水头据点,我们的情况没有被他得去半点。我们向刘英作了汇报,刘英立即同龙跃、郑海啸等商量。刘英说,这个反动分子上午回来,下午就走,我们情况虽没有被他发觉,但大会在这里开了好多天,恐怕时间长会被敌人发觉,要注意防范。商量后决定在当天夜里转移大会会址[1]。为了大会安全转移,我们配合地下党支部做了大量工作。如当地很多农户养狗,夜里狗都守在主人家的大门外,发现陌生人就大叫起来,甚至扑过来,对大会转移是个很大威胁。我们掌握这情况后,就配合地下党支部做好养狗农户的思想工作,动员他们都把狗关到屋里去。代表们在深夜安全地转移,连当地基本群众也没有觉察到我们的行动。

发挥党的统一战线工作作用。我们对当地开明士绅和上层人士做团结争取工作,很有成效。一些保长、开明士绅被争取过来后,替我们办事,有敌情就向我们报告。如当地一个保长被我们争取过来后,替我们到国民党据点探听动静,并把探听到的情况向我们汇报,使我们保卫工作争取了主动。

警卫班人员发扬高度革命责任心,树立艰苦奋斗的革命精神,不畏强暴,不怕牺牲,机警、敏锐地坚守在工作第一线。白天和地下党支部同志及基本群众打成一片,做好保密、保卫工作;深夜还不辞劳苦出去巡视,警惕敌人动向。我每天晚饭后总要到刘英住的房子里看看,没有什么意外,我才放心。刘英看到我,就问保密、保卫情况。有一次刘英问我:"阿三,我们这么多白汗衫晒出去(当时是夏天),会不会暴露目标?"我说:"不会的,白汗衫都晾在毛竹丛里,外面是看不到的。"刘英说:"那就好,要提高警惕呀!"

浙江省第一次党代表大会就是在省委的正确领导下,发挥了地下党支部战斗堡垒作用,密切联系群众,团结争取上

---

[1] 转移到马头岗。

层进步人士,发扬武装人员高度责任心,战胜了当时的重重困难,使党代表大会能安全地圆满成功,代表们带着大会的精神安全地返回自己地区。

（选自中共平阳县委党史研究室编:《光辉的历程》,中共党史出版社 1994 年版）

亲切缅怀翁吉忠[1]同志

郑子雄

翁吉忠与我为表兄弟。我俩从小认识，参加革命后关系更为密切。翁吉忠是一位经过长期革命斗争考验的优秀共产党员，他的优良作风将永远铭记在我们心中。这里记叙他的三方面事迹，以示怀念。

"虎洞"送饭

1936年西安事变后，蒋介石推行"北和南剿"的反动政策，妄图"剿灭"南方各省共产党组织和红军游击队。在闽浙赣皖边成立以刘建绪为首的"剿共"指挥部，调集10万军警，实行史称"八个月大进攻"，其进攻重点在浙南地区。当时，平阳北港各乡镇及大的村庄都驻有国民党军警或便衣特务队，各交通要道岗哨林立，对行人进行严格检查。实行移民并村，把分散在山上的民房拆迁集中在一起，计口授盐。农民白天外出劳动受监视，晚上回来要集中点名。在白色恐怖下，民众苦不堪言，但反动派刀枪压不住民众的心。

---

[1] 翁吉忠(1914—1999)，凤卧马头岗人。1936年12月入伍，1937年加入中国共产党。曾任马头岗村党支部书记，中共浙江省委、浙南特委、平阳县委交通员。中华人民共和国成立后，曾任凤卧乡农会主任、公社社长等职。离休后，享受副厅级工资待遇。

1937 年春，红军挺进师第二纵队政委张文碧〔1〕、中共浙南特委书记龙跃来到翁吉忠家。为了躲避敌人的追捕，他们住进离翁吉忠家约 3 公里的老虎洞。这是一个岩洞，可容纳四五个人，洞的周边都是树林杂草，无路可通。饭由翁吉忠妈妈郑氏〔2〕烧，翁吉忠和他的父亲翁浩统轮流送。如何送饭很有讲究，要化装为割柴人，设法避开便衣特务及其耳目。被敌人发现要抓去杀头的，罪名是"通匪"，格杀勿论。翁吉忠和他的家人为保护同志，不怕牺牲，"明知山有虎，还向虎洞走"。这种勇敢无畏的革命精神，多么可贵可敬啊！

为中共浙江省第一次代表大会服务

中共浙江省第一次代表大会，于 1939 年 7 月下旬在平阳县凤卧乡的冠尖和马头岗召开。7 月 21 日，大会在冠尖开幕。省委书记刘英致开幕词，并代表省委作政治报告和几年来浙江工作的书面总结，各特委代表团在会上作了工作汇报。为确保大会安全，7 月 25 日晚，代表们转移到马头岗村继续开会。经过分组讨论和大会发言，以无记名投票方式选举产生新的浙江省委和浙江省出席中共七大的代表。在马

---

〔1〕 张文碧(1910—2008)，江西吉水人。1930 年参加中国工农红军，1931 年加入中国共产主义青年团，同年转入中国共产党。先后任福建军区建黎泰军分区司令部特派员，苏浙军区第一纵队三旅副政治委员，第三野战军二十军五十九师政治委员，中国人民志愿军政治部主任，南京军区装甲兵政治委员、军区工程兵政治委员，浙江省军区司令员等。

〔2〕 郑氏(1888—1956)，出生于凤卧乡凤林村，嫁至马头岗村，郑海啸姐姐。

头岗会议期间，对于大会的安全保卫和后勤供应，在中共平阳县委统一领导下，翁吉忠和马头岗村党支部做了大量工作。他和母亲郑氏特地将自家的卧房布置如新，让刘英书记作办公室兼睡房，动员群众把自家房间打扫得干干净净让代表们休息好；他还动员全村党员和群众积极配合警卫同志站岗放哨；他指派翁吉周、翁吉多以及郑克练等协助采购运送物品；他发动妇女协助洗菜烧饭；等等。他和党支部同志为中共浙江省第一次代表大会服务，竭尽了全力，受到刘英书记的好评。会议结束后，刘英书记特地送他一幅照片作为留念。

自中共浙江省第一次代表大会召开至 1949 年中华人民共和国成立，十年中反共顽固派召集大批军警不断向浙南平阳等革命老区发动进攻，妄图捕杀灭绝共产党人，尤其是1942 年"温州事件"前后，反共顽固派对革命老区的摧残变本加厉，翁吉忠曾两次被捕坐牢，受尽酷刑逼供，但他从不暴露共产党员的身份，立场坚定，严守党的秘密。

热心革命传统教育

中华人民共和国成立后，翁吉忠一直在乡镇工作，历任凤卧镇党委副书记等职。中华人民共和国成立初期，由于国民党逃离浙江前，国民经济已遭到严重破坏，通货膨胀，物价飞涨，人民生活十分困难。一些死不悔改的反革命分子不甘心失败，暗中搞破坏活动，造谣什么第三次世界大战将爆发，国民党要回来。当时社会主义革命和建设阻力大、困难多，民心不安定。翁吉忠在困难面前不退缩，坚定积极地向广大群众宣传党的政策,阐明社会主义建设的重要性。他深入群众,与农民一起劳动,教育鼓励农民把生产搞上去,支持社会主义建设。他始终保持革命传统,作风正派、廉洁奉公、不谋私利,一心扑在工作上。群众称赞他是个顶好的党员干部。

1980年,翁吉忠退休(后改离休)。为了更好地教育后代,他首先在中共浙江省第一次代表大会马头岗会址办了展览馆,将中共浙江省第一次代表大会代表的生平资料和照片等展出。许多干部、周边群众及中小学生,爬山越岭来到马头岗参观学习,反响热烈,说观后印象深刻,很受教育。

随后,翁吉忠又筹划会址东边建造一座永久性的纪念碑——中共浙江省第一次代表大会纪念碑。当时经费困难,翁吉忠将自己微薄的工资中省吃俭用节省下来的存款拿出来,在他的带动下,许多党员和群众慷慨捐赠。1990年,纪念碑建成,应翁吉忠同志邀请,我和黄李凤、黄青等一起冒着倾盆大雨,驱车赶到马头岗,参加揭碑仪式。场面非常庄严,平阳县委和有关部门领导、当地党员干部和中小学师生都参加了这一活动。我还在大会上讲话,至今记忆犹新。

2009年,中共浙江省第一次代表大会会址、抗日干校旧址等平阳县革命根据地旧址群,经中央批准,入选为全国爱国主义教育示范基地。这个基地来之不易,是革命先烈用鲜血换来的,是平阳人民的光荣!我们一定要倍加爱护、发扬光大,更好地将革命传统代代相传,光耀千古!

(原载浙江省新四军历史研究会浙南分会刊物《浙南火炬》,2012年第1期,总第23期)

我家曾为保障中共浙江省
第一次代表大会服务

郑子雄

1939 年 7 月 21 日至 30 日，中共浙江省第一次代表大会在我的家乡平阳县凤卧乡冠尖村和马头岗村召开。当时，我父亲郑海啸担任中共浙南特委委员、平阳县委书记。他既是这次会议的正式代表，又具体负责大会的安全保卫和后勤供应工作。我和母亲金澄梅、叔叔郑志荫、胞妹郑明德、胞弟郑一平，都有幸参加大会内外的服务工作。

这次会议是在粟裕率领国民革命军闽浙边抗日游击总队离开平阳入编新四军北上抗日后，国民党顽固派背信弃义，采取"溶共、防共、限共、反共"政策，蓄意制造摩擦的斗争环境中召开的。1939 年初，中共中央和东南局下达召开中共七大准备工作指示后，中共浙江省委书记刘英及时向全省党组织作了传达，并要求各支部组织党员开展热爱党、拥护召开中共七大的学习教育活动。4 月至 6 月，全省各县委、特委相继召开了党代会，选举出席省党代会的代表，并认真组织学习党的有关文件，为省党代会的召开做了充分的组织准备和思想准备。

7 月中旬，各地代表克服各种艰难险阻，相继从所在地秘密来到平阳凤卧乡。会议正式代表 26 名、列席代表 9 名和特邀代表 1 名，加上三级机关随行和服务人员，共有近百人。省委书记刘英致开幕词、闭幕词并作政治报告及两年来浙江工作的书面总结。大会先后通过了《关于目前抗战形势与浙江党的任务的决议》等10个文件,选举产生了新的中共浙江省委员会和浙江省出席中共七大的12名正式代表与3名候补代表。为确保这次会议圆满成功,在会前,省委书记刘英和浙南特委书记龙跃专门找我父亲郑海啸谈话并下达任务。他俩一再强调:这次会议是全省主要干部大集中,安全保卫工作是头等大事,必须做到万无一失,不能出半点差错。刘英还风趣地对我父亲说:"你老海是浙南特委常委、平阳县委书记,又是本地人,是名副其实的主人。这次全省各地党代表来平阳开会,他们都是你的贵客,机会难得,你们要好好招待,不能像平时那样老是吃咸菜,要吃点肉。"我父亲心中明白,这是领导对他的无限信任,当即表明决心:"请省委领导放心。在省委、特委领导下,我老海一定能团结带领广大党员群众,齐心协力保卫好省党代会胜利召开。"刘英炯炯有神的双眼盯住父亲,高兴地说:"省委完全相信你!……"

随后,父亲专门召开县委紧急扩大会议,围绕如何做好大会安全保卫和后勤供应等工作,进行认真研究,并采取5项具体措施:一是加强侦察国民党顽固派军队信息,提速传递情报。由平安区、平西区的地下党组织负责,充分发挥统战对象的作用,对敌军驻地重点加强情报侦察工作。加设情报联络站,便利尽快传递信息。在会址周边布下情报网,一旦发现情况,就像接力赛跑一样迅速向县委指定的情报站传递情报,如遇紧急情况就直接向山上发情报,白天以烟、晚上以光为信号。二是健全联络站,调整交通员。为了加强安全保卫,外地来的交通员不能直达省委机关和大会驻地,有关信件和与会代表由我母亲金澄梅所在的县委交通站派专人护送。三是大会周边设岗哨和流动哨。岗哨主要监视武装敌军动态,由省委、特委机关警卫处负责。流动哨专门对付经过化装的敌便衣特务,由当地党、团员和民兵中挑选政治可靠、有知识和口才的人担任,并进行专门培训。此项人员调配与联络工作由翁吉忠和我负责。四是后勤供应通过党、团员、基本群众秘密采购和运输。我的叔叔郑志荫担任县委与省委大会后勤处的联络员,专门负责采购和运送物品。五是由凤林村妇联会组织若干小组帮助党代表烧饭做菜、洗衣服,并派人严格看管水井,不让面生的人进入厨房,防止敌人投毒破坏。

大会闭幕时,省委为庆祝大会圆满召开,特邀当地党支部书记和群众代表参加聚餐。我时任县委机关警卫员又为大会服务,也被邀参加。我的胞妹郑明德作为凤林小学师生代表演出了文艺节目,胞弟郑学仁(一平)代表少先队员在大会上致贺词。

大会之后,在一次特委和县委机关工作人员会上,省委书记刘英高兴地对龙跃和我父亲郑海啸说:"这次省党代会顺利成功召开,平阳党组织经受了严峻的考验,党员群众觉悟高,组织纪律性强,保密工作做到家了,滴水不漏,我们上百人热热闹闹十来天,那些猎狗(指反动便衣特务)都没嗅出什么味儿来,顽固派一点也不知情,你老海人瘦了许多,可为大会安全胜利召开立了大功啊!……"

临时省委[1]在平阳北港活动见闻

翁吉忠

1933 年，舅父郑海啸同志就开始活动于平阳北港一带。他通过先父翁浩统，深入马头岗开展工作。他看到这里农民虽然很穷，但是很团结，就挑选一些中青年人召开会议，向他们宣传革命道理。后来黄美迎、吴毓、黄先河等同志在郑海啸的陪同下，也多次来到马头岗，以我家为立足点，深入发动群众。

大屯村是马头岗的"邻居"，郑海啸同志利用大屯村群众是同宗族人的关系，通过郑永敬联系大屯村郑氏族长郑永英和富裕户郑志通，做好大屯村群众思想工作，在大屯村开展革命活动。

老海同志的革命活动，在马头岗、大屯村一带播下了革命的种子。1936 年春，老海同志与吴毓等十几位同志来到大屯，大屯村群众纷纷为我党同志站岗，安排生活。这些觉醒了的群众，就是后来大屯村成为坚强的革命老区的基础。

1936 年冬，省委书记刘英带领 200 多人进驻马头岗。为保密和安全起见，全村戒严，外围人员有进无出。跟随刘英同志来的有老海、黄先河、吴毓等同志，刘英同志就住在我家，这是我第一次见到他。

---

〔1〕 指中共闽浙边临时省委。

在一次战斗中,部队缴获了许多武器,一时无法全部带走。刘英、龙跃、老海同志商量决定,一部分武器暂留在马头岗,由我和黄文拱负责隐藏。我们接受任务后,做了分工:30多条弹带放在黄文拱家里,5把手枪由我包好,藏在厕所的屋脊上。

部队离开马头岗后,在龙潭坝打了一仗。部队中有个绰号叫"烂冬瓜"的被敌人抓去。"烂冬瓜"受不了敌人的威迫,叛变了革命,也出卖了马头岗的革命群众。

黄文拱夫妇因此被抓,被押送到腾蛟,交国民党部队俞排长。俞软硬兼施,要黄文拱夫妇交出枪支弹药。黄文拱夫妇坚强不屈,拒交武器。俞排长得不到武器不肯放人。后来老海和吴毓商量决定,拿3条弹带送到驻在水头的国民党部队团部,再去腾蛟要人。我方又转到水头,拿弹带交给俞排长。这样,黄文拱夫妇才得到释放。事过不久,敌人又派兵到马头岗,在黄文拱家中撬开地板寻找子弹。这时,武器已经转移,敌人只好空手而回。

刘英同志来浙南时,起初群众只听其名,未见其人,从名字上猜测刘英同志是女的,不是男的,因此无论到哪个地方,群众都不认识他。老同志也不向群众介绍刘英同志,以防坏人出卖。

1937年春,张文碧、龙跃、傅狂波、老海等同志在山门小池村被敌人包围。突围后分两路沿山岗分别跑到大屯、马头岗。大屯村群众看到老海他们在奔跑,在山坡下就大声喊道:"志权哥(即郑海啸),出了什么事了?快跑到这边来!"于是老海同志跑到涧底里去,在大屯村群众的掩护下安全地避过了尾追的敌人。为了缩小目标，张文碧、龙跃两人跑到马头岗。正当他们站在山坡上发愁时，张文碧同志发现了我，轻声地对我说："阿忠，我们被敌人追了，你有什么办法没有？"我被这突如其来的情况惊呆了，一时想不出好办法，也对不上话。这时，我父亲在屋里听到外边的说话声，马上跑出门，要同志们立即进屋。进屋前，张文碧同志看了一下厝边地势，要求我们三兄弟拉开距离放哨，观察尾追敌人。过了一阵，天下大雨，我们没有发现敌人来马头岗。于是我父亲带领同志们披蓑戴笠，转移到后山的岩洞（虎洞）中。我父亲马上回家拿衣服，让同志们脱下湿衣服，换上干的衣服。尔后，父亲又把湿衣服拿回家交给我母亲洗。隐蔽好同志们后，父亲就到凤卧一带打听敌人的消息去了。同志们住在山洞的时候，按照龙跃同志的吩咐，我一日送两餐饭给他们吃。同志们都会抽烟，而当时搞不到香烟，我只好拿一些旱烟给他们，让他们暂解烟瘾。就这样，同志们在山洞中蹲了两天两夜。第三天老海同志在大屯派郑永敬送来密信，通知同志们立即转移。于是我母亲把洗干净的衣服送去，让同志们换上出发。临走时，龙跃同志拿出 20 元要付饭菜钱，我父亲坚决谢绝，并催促他们上路。

为加强统战工作，刘英同志准备和水头开明绅士会谈。当时老海同志派我和郑学立两人去通知王扬西。王扬西是思想进步的知识分子，在水头方面有点名望。他得到通知后，当天就跟我们来到马头岗，在我家过夜。第二天，刘英、吴毓、黄先河、老海等同志与王扬西座谈。座谈的主要内容是了解平阳北港知识分子、绅士对我党的认识，讨论怎样做这些人的工作,使他们不断向我党靠拢。1937 年农历十二月下旬,住在大屯村的刘英、吴毓、陈铁军、老海等同志再次来到马头岗,进一步察看了地势,了解群众觉悟,准备深入开展工作。

从游击队到新四军

（节录）

郑一平[1]

1939 年 7 月 21 日至 30 日，中共浙江省第一次代表大会在冠尖和马头岗召开，凤林村人民为大会的安全保卫和后勤供应工作作出了很大的贡献。在大会的闭幕式上，我代表凤林小学学生致辞，祝贺大会成功。

1939 年冬至 1944 年 9 月，国民党顽固派在全国掀起三次反共高潮，浙南游击区特别是平阳凤卧等革命老区，受到国民党顽固派疯狂的"清剿"。我虽然年纪小，但由于是所谓"匪首"郑海啸的儿子，已不可能再读书了，于 1941 年 6 月，离开凤林参加游击队。

刚开始的时候，我在中共平阳县委机关，后来组织上安排我跟随中共浙南特委委员吴毓。游击队白天隐蔽在山洞或民房里，夜间行动，流动性很大，也很艰苦。每到一地，我常以拾柴割草为掩护进行站岗放哨。

1941 年 10 月的一天下午，吴毓告诉我，刘英书记来信调我

---

〔1〕 郑一平(1927—2015)，原名郑学仁，郑海啸次子。1941 年，任中共浙江省委书记刘英的机要秘书。1942 年 2 月 8 日，在"温州事件"中与刘英一起被捕，后越狱成功。1946 年找到党组织。1947 年加入中国共产党。曾任中国人民解放军第三野战军第九兵团司令部参谋、南京政治学院军事研究室主任等职。

去省委机关工作,并嘱咐我到温州后好好学习。过了数天,吴毓派交通员送我到瑞安乘小船去温州。船抵温州码头后,刘英派警卫员刘正发[1]来接我,到省委机关秘书处住下。

1942年2月8日晚10时左右,我已上床睡了,听到院子外面有人急促敲门。我马上起床穿好衣服,正要从后门出去,叛徒李少金已冲到我的房间,还有两名特务,当即把我押送到国民党温州警察局拘留所。第二天早上,我听说刘英书记也被捕了,同时被捕的还有省委秘书顾春林等同志。这就是不幸的"温州事件"。刘英被捕,敌人欣喜若狂,国民党温州专员张宝琛得意忘形地说:"俘刘英一人,胜俘敌十万。"

约两周后的一天傍晚,刘英拖着沉重的脚镣来到我的牢门前,我马上迎上去,我们隔笼相望。刘英书记亲切地伸出左手摸着我的头,问:"小鬼,怕不怕?""不怕!"我坚定地回答。他接着说:"学仁,你年纪小,可能不会死,一旦出去,要告诉龙跃和你父亲,我是被叛徒周义群出卖的。"

刘英书记还想继续说话,凶恶的看守过来要他马上回牢房。我看着他魁伟而英俊的背影,眼泪止不住夺眶而出,心想党还有许多重要工作等着他去做呢!1942年5月18日,刘英在永康方岩被蒋介石下令杀害。

6月1日,日军轰炸温州的永嘉城区,我和顾春林乘乱逃离虎口。

我从温州脱险后,带着十分喜悦的心情回到凤林村,一

---

〔1〕 刘正发(1911—1988),江西弋阳人。1927年投身革命,1932年加入中国共产党。1933年初,随部队到中央苏区。北上抗日先遣队失利后,归编红军挺进师。1936年,担任政委刘英的警卫员。

心想寻找我父亲和游击队。在一个闷热的夏夜，我在水头至凤卧的路上行走，半夜之后，悄悄进入了凤林村，心想马上就可以看到尾婶以及学想和明新妹子。但我万万没想到的是，老家的房子以及四伯、七伯的房子，都被国民党顽固派烧成一片废墟。我万分仇恨国民党顽固派，自己不抗日，反来镇压抗战英雄。我在老屋基上走了一圈，屋后那口泉水井还在，我喝了几口泉水后，抱着一线希望去郑学超哥哥的家看看，希望能找到老同学郑经黎。但他们家的房子也被烧掉了，不知他们搬到什么地方去了。此时，天快亮了，我又饿又累，还怕被敌人看见。于是，我迅速上了老屋基后山，看到了小时候熟悉的竹林、松树、杨梅树和番薯地，既感亲切又感悲凉。

为了不被敌人发现，我用尽力气爬上一棵大松树，坐在树杈上，再折些树枝把自己隐蔽起来。天亮了，我俯瞰全村，只见炊烟袅袅，各家都在做早饭了，这时，我多么急切地盼着能见到亲人。不知过了多久，我终于看到学想和明新上山拾柴来了。我赶快从树上往下滑，把他俩吓了一跳。学想说房子被国民党顽固派烧了后，娘带着他们先住在破庙里，后来搬到郑学格哥哥的一间空房子里栖身。我告诉学想和明新，对我的回来只能告诉尾婶，对其他任何人都不要说。我在山上一直等到天黑了之后，才抄小路到了尾婶的住处。尾婶和五婆摸着我的头，泪流满面，但不敢哭出声。尾婶等人平时只吃番薯丝，却把准备过节吃的一点大米煮给我吃。至今，我每次回忆当时的情景，眼泪就要夺眶而出。

由于国民党顽固派制造白色恐怖，我在凤林村不宜久

— 155 —

留。我的大伯父郑志通曾来看我，说敌人常来凤林村搜山"清剿"，我的父亲和游击队已转移到瑞安山区，还说我的胞姐郑明德已在平阳遭顽固派杀害〔1〕，等等。

因怕走漏消息，给尾婶和亲友带来灾难，在大伯父来看我的第二天夜里，我离开凤林到马头岗姑妈家。当我叫门时，姑妈不敢开，后经确信是我的声音时，翁吉忠表兄才来开门。为了安全和保密，当即送我去山洞里住，白天由表兄翁吉团送饭，过了三四天，姑妈说打听不到我父亲的下落。为避免连累姑妈一家，我毅然决定去继续寻找父亲和游击队，最后辗转到苏北，参加了新四军部队。

---

〔1〕 应是关在平阳县城的牢中，遇害于 1942 年 6 月 27 日。

永远铭记在心中

郑一平

2009年6月,应中共平阳县委邀请,我参加了中共浙江省第一次代表大会胜利召开70周年纪念活动,见到了省委书记刘英之子刘锡荣同志,这使我联想起许多往事。特别是1942年6月,当我从温州狱中逃出来后,急着向革命老区行进,一心想早日找到地下党和游击队。由于敌人猖狂地向革命老区进行"清乡"搜山,地下党机关都已转移,在那最困难时刻,是我尾婶、姑妈及翁吉周全家给予我关怀与帮助。翁吉周冒着生命危险护送我到平阳县境外。几十年过去了,我经常想念着翁吉周同志。

1941年10月,我奉调到浙江省委机关,跟随刘英同志当"红小鬼"。

1942年2月8日"温州事件"中,刘英同志不幸被捕,我也不能逃脱,我们都被关在温州国民党拘留所。约两周后,刘英同志被押赴永康方岩。5月18日,刘英同志被蒋介石下令杀害,享年36岁。

1942年6月,日军攻占温州,我和省委秘书顾春林同志趁乱逃出温州监狱。我们抱着喜悦的心情,艰难地向革命老区行进,盼早日找到党组织和我的父亲。我们徒步走到平阳,当时兵荒马乱,二人被迫分开。在一个闷热的夏夜,我由水头到达凤卧街,再抄小路进入凤林村。看到我家房子已被烧掉。我尾婶带着子女以及我胞妹明新住在郑学格的一间空房子。我在屋后山上躲了一个白天，等天完全黑了之后，才抄小路到了尾婶住处。尾婶和五婆摸着我的头泪流满面，但怕惊动邻居，不敢哭出声来。

尾婶等人，平时只吃番薯丝，却把准备过节吃的一点大米煮饭给我吃。我已两天未进食了，一斤米全部吃光。至今，我每次回忆当时的情景，眼泪就要夺眶而出。

由于白色恐怖，我在凤林村不能久留。我的大伯父郑志通曾来看我，说敌人常来凤林村搜查，还说我胞姐郑明德前几天已在平阳城遭国民党杀害，等等。因怕走漏风声，会给尾婶和亲友再一次带来灾害，在大伯看我的第二天晚上，我就离开凤林村，沿着山路直奔马头岗我的姑妈家。

马头岗，是革命老区，是一个小山村。1939 年 7 月，中共浙江省第一次代表大会曾在马头岗村开会。会场设在表兄翁吉周同志住的那幢房子，省委书记刘英也住在这里。吉周和他的哥哥吉忠都投入为大会服务。

我半夜之后到了马头岗姑妈家，压低嗓子轻轻叫门，姑妈不敢开门。后经确认是我的声音时，才由吉忠表兄开门。姑妈看到我全身衣服又破又脏，人又黑又瘦时，十分惊讶。我简单说明是从温州脱险归来，姑妈听后才转悲为喜。

为了安全和保密，我在姑妈家不敢多停留，当即由吉周表兄送我去离他家不远的山洞住。晚上由吉忠或吉周陪我，白天由吉团表弟给我送饭。我很感谢他们。过了三四天，姑妈说打听不到我父亲和游击队的下落。当时凤卧及山门两乡山区是敌人"清剿"的重点地区。大伯父、姑妈及吉忠商量决定,由吉周表兄亲自送我离开敌人重点"清剿"区,让我继续寻找我父亲和游击队。

临行前,姑妈一再交代,一路上要注意安全,要活着以后再见面。千言万语,催人泪下。

当天晚上我一夜没睡好。第二天一大早按约定时间,我和吉周表兄离开了马头岗。走山路,他在前,我在后。他一直送我到距福鼎县不远的一个村子,这时太阳已落山,我和吉周表兄就在那里泪眼汪汪而别。送君千里终有一别,吉周表兄再三交代,路上要小心,要尽量走小路避开国民党军警的盘查,要晓行夜宿。后来,我化名陈志忠走天涯。回想起来,当时的情景,历历在目。敌人的残酷和革命的艰辛,永远铭记在心中。

日月如梭,这都是 60 年以前的事了。但吉周表兄的音容笑貌,他的勤劳朴素,正直和不避艰难支持革命的崇高品德,我会永远牢记在心中。

谨以此文,悼念尊敬的翁吉周同志。

2009 年 11 月于南京

历史选择了冠尖和马头岗

翁仁德

　　1939 年 7 月 21 日至 30 日，中国共产党浙江省第一次代表大会在平阳县凤卧乡的冠尖和马头岗召开。代表大会的开幕式和闭幕式、刘英的政治报告以及一次大会发言在冠尖举行，小组会、两次大会发言以及选举等活动在马头岗举行。于是，名不见经传的马头岗和冠尖被载入了浙江党的史册。

　　1937 年至 1939 年，浙江省抗日救亡运动风起云涌，党组织迅速发展壮大，经过浙江国共两党和平谈判，党在浙江取得公开合法的活动地位。1939 年中共浙江省第一次代表大会召开后，浙江全党统一了思想，明确了抗日和反顽斗争任务，并选举产生了新的中共浙江省委和浙江省出席中共七大的代表，这是形势发展的需要。

　　中共浙江省第一次代表大会会址之所以选在马头岗和冠尖，这是历史的必然。凤卧乡位于平阳县最北面，三面环山，山高岭峻，树茂林深，东临水头，西接山门，东北与腾蛟交界，西北背靠满田大山，通文成和泰顺两县，进可攻、退可守，是浙南最早的革命根据地之一。1938 年 3 月，浙江的新四军在凤卧乡吴潭桥举行北上抗日誓师大会。党的组织健全而活跃，仅马头岗村党支部就有党员 10 多人。这里群众基础好，马头岗虽然只有 30 多户，但是群众都拥护和支持党的活动。

　　在中共浙江省第一次代表大会召开前后，刘英同志在郑海啸、吴毓同志的陪同下,察看了马头岗和冠尖的地形,详细了解了当地的现状。郑海啸同志介绍说,马头岗有他的姐姐,姐夫翁浩统的五个兄弟都是革命群众,五个外甥有的是党员,有的是党的地下交通员。他对当地的群众都很熟悉,关系十分好。这是一个"红透了"的地方,安全和后勤有保障。同时,其姐夫的兄弟们所住的九间平屋可以作会议用房,群众房子可以作代表和机关工作人员的住处。

大会期间,把马头岗定为会址后,刘英和郑海啸同志召集马头岗村党支部党员和青年积极分子会议。会上,刘英同志要求党支部和群众做几件事:一是把房子打扫干净,布置好会场;二是协助保卫工作;三是协助后勤事务。

接受任务后,党支部成员翁吉周动员新婚夫妇翁吉田、林素月腾出新房,又请同村木工白贤声拆去新房的隔板,将九间平屋东边的两间房子连成一大间,成为两开间的会场。打扫房子后,在地上撒生石灰消毒,焚烧樟树木屑熏蒸屋内。

开会时,会场后墙壁上悬挂一面镰刀斧头的中国共产党党旗,一条会议的横额。党旗下,讲台是一张有五个抽屉的新娘房用桌,代表的座椅是从凤林小学借来的长条椅。左右两边木隔板上,除了几幅标语,别无装饰,会场简朴而庄严。

中共浙江省第一次代表大会召开期间,马头岗全村总动员,全力以赴为大会服务。家家腾出房子安排代表住宿。九间平屋下坎的翁浩贵家住着中共浙南地委书记龙跃等同志,平阳县委机关设在翁吉体家,刘英同志住在会场隔壁的前半间,丁魁梅代表和小林、阿娥等女同志住在后半间的阁楼上(这一整间是翁吉忠的房屋)。那几天,刘英同志常常工作到深夜,翁吉忠的母亲郑氏为他烧开水和煮点心。马头岗村党支部的党员带领群众在山村各处布岗放哨,协助大会保卫组执行警卫任务。翁吉忠、翁吉周、翁吉多等党员还负责物资的采购和运送。

会议前夕,吴毓同志写介绍信,派翁吉忠去鳌江找林夫同志,让他购买白虾、墨鱼、香菇、木耳、黄花菜等,共200多斤。装船运到水头街码头,由马头岗村党支部派人挑回。他们每天起早摸黑到十几里外的水头街买蔬菜、鲜鱼、鲜肉等。

会议期间,在马头岗没有走漏一点风声,没有出一点差错。会议圆满结束后,刘英书记感叹说:"马头岗党支部和群众真是铜墙铁壁!革命胜利后,一定要把马头岗建设好!"

马头岗能成为中共浙江省第一次代表大会的会址之一,是历史的选择,是马头岗村党支部和群众的光荣!

纪念刘英同志诞辰一百周年

翁仁德

2005 年,是刘英同志诞辰一百周年。刘英原名刘声沐,出生于 1905 年,江西省瑞金县竹岗村人,1929 年 4 月参加中国工农红军,9 月加入中国共产党。历任中国工农红军北上抗日先遣队政治部主任、红十军团的政治部主任、挺进师政委、中共闽浙边临时省委书记和中共浙江省委书记等职。1942 年 2 月被捕,5 月英勇牺牲。

1934 年 7 月初,为了反对日本帝国主义的侵略和冲破国民党反动派对中央苏区的"围剿",中共中央和中央军委决定由红七军团组成中国工农红军北上抗日先遣队,立即向闽、浙、赣、皖等省出动,宣传我党的抗日主张,发展那里的革命局面。刘英被任命为先遣队政治部主任。

北上抗日先遣队奉命东征,驰骋于浙、皖、闽,吸引了 20 万国民党军,配合中央红军向西突围。由于敌众我寡,在怀玉山陷入重围而失利,突围部队奉命组成中国工农红军挺进师,由刘英和粟裕带领,挥师挺进浙西南,深入国民党反动统治的腹心地区。挺进师浴血奋战,在数十倍于我的敌军的"围剿"下,在白色恐怖十分严重的浙江,敌后环境之险恶、牺牲之惨重、时间之漫长,在中国革命史上是罕见的。在远离中央红军和一度与党中央失去直接联系的情况下,挺进师坚持艰苦卓绝的斗争,燃起熊熊革命火焰,创建了面积广阔的浙西南和浙南革命根据地。刘英同志以大无畏的革命气概、坚定的革命信念、生动细致的政治思想工作、密切联系群众的作风,在生与死、血与火的斗争中立下了卓著的功勋。

全民族抗日战争爆发后,在刘英同志的领导下,浙江省委壮大了党组织,召开了具有重大历史意义的浙江省第一次党代会,开拓了斗争的新局面。

在民主革命时期,先后有11位同志担任过浙江省委书记或代理书记,刘英同志是其中任职时间最长的一位,是唯一经过中共浙江省代表大会选举产生的省委书记。

在浙江大地上,刘英同志留下了光辉的足迹,为党创立了不朽的业绩。刘英同志把鲜血洒在浙江大地上,终于开出革命胜利之花,浙江人民永远怀念他。刘英同志也永远活在浙南革命老区人民的心中,他的许多生动感人的革命事迹至今仍在浙南革命老区人民群众中传颂着。

马头岗是刘英同志战斗过生活过的地方。值此刘英同志诞辰一百周年之际,马头岗人民更加怀念中共浙江省第一次代表大会期间刘英同志在马头岗工作的情景,更加怀念他当时的亲切教导,更加崇敬他的无私奉献精神。我们一定要把对他的纪念化为前进的动力,在党的指引下,投身中国特色社会主义的建设。

红色故事

一幅珍贵的照片

翁吉忠讲述　翁仁德整理

1939 年 7 月 30 日（农历六月十四日），是中共浙江省第一次代表大会结束的日子。这天初夜，刚刚下过一场小雨，参加会议的代表们踩着泥泞的山路，从马头岗会场转移到东面的冠尖上新楼举行闭幕式并会餐。

夜已很深了，省委书记刘英整理完文件，从屋子里走出来，在屋前的地坪上一边散步，一边等待翁吉忠来取文件。小雨以后，暑气消退，冠尖的山头清新如洗，皓月当空，树影憧憧。他踱着小步，回顾筹备和召开省党代会的日日夜夜，在同志们全力以赴的努力下，终于使会议圆满成功。仰望夜空，繁星点点，他想到，大会期间从后勤供给到安全保障靠的是无数革命群众的全力支持，才没有出一点纰漏。

来自全省各地的代表相聚是多么不容易呀，明天，他们就要分赴各个战场，贯彻省党代会的精神，迎击日寇，去夺取胜利。真是难分难舍！自己也要告别冠尖和马头岗可亲可敬的群众，去开辟抗日的新局面，何时能与他们再见面呢？

他特别感激马头岗的翁浩统一家人。前年春天，翁浩统为掩护张文碧等同志，被雨水淋了，一直生病，于去年秋末亡故。大会期间，翁浩统的妻子郑氏帮助炊事员为他烧夜宵，还为他做鞋子；翁浩统的四哥翁浩检及其儿子、儿媳妇为党代会腾房子、做后勤；翁浩统的长子翁吉忠是马头岗村党支部书记,次子吉周和三子吉交是交通员,都为大会的保卫和后勤工作日夜忙碌。他们是党值得信赖和依靠的对象,他们是党的坚实后盾。临别之前,怎么对他们表示由衷的感谢呢?

翁吉忠跟随郑海啸去刘英书记的住处冠尖郑永暖家。他光着脚,踏着月色,通过哨位,走进地坪,看见刘英书记就在院子中,忙喊道:"首长!你找我?"

刘英书记从沉思中猛醒过来,急忙迎了过来,伸出手拉住翁吉忠,笑着说:"你们来啦,好,到屋子里坐。"

刘英书记给翁吉忠和郑海啸倒了两碗白开水。他等翁吉忠"咕咚咕咚"地喝了水,才指着桌面上用油纸捆扎得严严实实的一包东西,说:"这里面有上百份党的文件,十分机密。交给你保管,你能做到吗?"刘英是江西人,讲的是江西的普通话,郑海啸把他的话翻译成闽南话。

翁吉忠知道刘英首长十分信任他,才让他来保管这批重要文件。他爽朗地回答:"保证完成任务,人在文件在。"

刘英书记拍拍翁吉忠的肩头,说:"由你保管,我放心。这次,你们马头岗党支部和群众为会议做了不少工作,你的全家也做出很大的贡献。我表示感谢!"接着,他深情地嘱咐说:"阿忠啊,我明天就要走了。你代我向你的一家人问好!从今以后,你要积极工作,行动要秘密,时时刻刻提高警惕。干革命流汗、流血、牺牲是正常的,但坚定的立场不能动摇,千万不要向敌人投降!"

说完,刘英书记转身从床头边取出褐色的军用皮挎包,掏出一张照片,递到翁吉忠的手上,说:"我送你一张照片,留作纪念。干革命随时有牺牲的可能,我不在了,以后你想到我，就看看照片。等革命胜利了，我们再一起合照一张。"说罢，刘英书记的眼眶湿润了，翁吉忠和郑海啸感动得流下热泪。

翁吉忠把照片拿到马灯下细细地看。这是刘英首长的一张半身照片：穿便服，理分头，眼眶深沉，目光炯炯有神，颧骨略高耸，挺直的鼻梁下嘴唇紧闭，显得刚毅、威严。端详了一会，他说："首长，照片上的你像是一个教书先生，不像是个会打仗的人。还有，现在你比照相时更瘦了。"

刘英书记听了哈哈大笑，说："我教过书，本来不会打仗，是国民党反动派逼我拿起了枪杆子。现在瘦些没关系，以后形势好了，自然会胖起来。"说着，他用一张白纸细心地把照片包好。

翁吉忠接过照片，把它放在上衣的口袋里，在衣袋外按了按，说："谢谢首长！有了这张照片，我们就永远在一起了。"刘英书记让郑海啸暂时留在屋里，他亲自把翁吉忠送到岗哨外，再三叮嘱："路上小心，路上小心！再见，再见！"这才依依不舍地回头。

1942年5月，刘英书记在永康被国民党反动派杀害。消息传来，翁吉忠对着刘英的照片痛哭流泪。这张照片伴随翁吉忠度过了漫长的艰苦岁月。1958年8月，他把珍藏的刘英书记的照片作为国庆十周年献礼捐给浙江省军区保管。现在，这张照片已成为不可多得的纪念刘英同志的实物。

回忆刘英忘我工作

郑志兴

　　2009 年 6 月 26 日，郑嘉顺、刘锡荣等人参观中共浙江省第一次代表大会会议会址。

　　郑嘉顺老人说，1935 年，刘英和粟裕率领中国工农红军挺进师进入浙江省境内，不久转战到了他的家乡——福建省福鼎县（今福鼎市）。在革命大潮的影响下，他参加了浙南特委机关工作。当时，他年仅 12 岁。1939 年 7 月 21 日至 30 日，刘英在平阳县凤卧乡冠尖和马头岗主持召开中共浙江省第一次代表大会。因为党代会筹备工作的需要，郑嘉顺从浙南特委被调到省委秘书处工作，与刘英朝夕相处。

　　作为亲历过中共浙江省第一次代表大会召开的工作人员，郑嘉顺老人深情地抚摸着马头岗会址的一桌一凳，追忆当年的情景。在这里，曾经有许多个夜晚，他静静地陪伴在刘英的身边，一直陪伴着刘英工作到深夜，有时甚至到天快亮了。刘英工作到什么时候，他就陪伴到什么时候。刘英对他说："小郑啊，你年轻，要早睡，不要陪我熬夜。"郑嘉顺不肯，说："这是我的任务。"刘英说："要不，你就忙你的事，我干我的事。"于是，在刘英埋头工作的时候，郑嘉顺就在刘英办公室的后半间刻钢板、油印，编写大会特刊。有时候，他悄悄地为刘英送上一杯浓茶，又悄悄地退下，生怕打扰首长的思绪，影响首长的工作。

　　参观中,郑嘉顺老人拉着刘锡荣的手,感慨地说:"这里是你爸爸妈妈当年结婚的地方!"[1]刘锡荣紧紧握着郑嘉顺老人的手,热泪盈眶,说:"是啊! 你是见证人啊!"

---

　　〔1〕 根据郑嘉顺回忆,在中共浙江省第一次代表大会召开前夕,刘英和丁魁梅在离马头岗大约 5 里远的石头坑结婚,没多久夫妻就双双来开会了。1939 年 10 月 16 日,刘英和丁魁梅在温州举行正式婚礼。

婚房变会场

翁仁阁[1]

1939年7月,马头岗村党支部接到了布置中共浙江省第一次代表大会会场的任务。党支部召开会议后,认为把党支部书记翁吉忠的四伯父翁浩检新添置的两间房子作为会场最合适。原因有二:一是楼阁未铺上木板,里面还没有建炉灶,只有他儿子翁吉田占用了一间作婚房,清理和搬动比较容易;二是这两间房子在整座九间平房的东首,后门靠近山路,如果遇到紧急情况,代表们撤退到山上树林中比其他几间房子方便。于是,支部党员经商议,决定把动员腾房的任务交给党员翁吉周。

翁吉周思来想去,觉得要采取"突破重点"的方法,首先是要做好翁吉田妻子林素月的思想工作。

林素月这年4月刚嫁到马头岗,搬动新娘房间必须得到她的同意。这天骄阳如火,翁吉周看见林素月在院子里的大树下乘凉,就打着蒲扇走近她,含笑说:"小婶,有一件事想请你帮忙。"这年翁吉周已经虚龄22岁,林素月只有17岁,按辈分翁吉周应该称她小婶(即弟媳)。

"吉周伯,不要见外,你说吧!"林素月说。

---

[1] 翁仁阁,1977年出生,平阳县萧江镇教师。

"我的三舅爹〔1〕一班人要借用你和你的隔壁这两间房子开会,请你暂时腾一腾。我知道,你在娘家时就受过党的教育,也为同志送过信,对革命很支持,相信你不会拒绝的,所以我就大胆开口了。"

林素月听了翁吉周的话,既高兴又不无担忧。高兴的是党对自己信任才开口借房子,担心的是公婆会不会答应。她小声地说:"吉田的工作由我来做,相信他会同意的。我过门还不到三个月,在公婆面前我实在不敢开口。"

"小婶真是爽快,我先代三舅爹谢谢你了。那好,我去把吉田叫来,一起商量。"

翁吉周赶忙找来堂弟翁吉田。林素月对丈夫翁吉田讲了借房子的事,翁吉田当时是二话不说,表示同意。在大树底下,三个人研究一番,定下了做吉田父亲工作的安排。

7月下旬,天气很闷热,在屋里是待不住的,山中的农民习惯先在屋外纳凉。翁吉田的父亲翁浩检在院子空地上燃起一堆干艾蒿草驱蚊子,又搬出凳子坐下,接着翁吉周、翁吉忠、翁吉星、翁吉田、林素月等人陆续带着凳子走来。大家一边乘凉,一边闲聊着农活上的事。山风习习而来,吹走暑气,吹得人是心旷神怡,忘了疲劳,忘了烦恼。这时,翁吉周开口了,对四伯父〔2〕说了借用房子的事,然后说:"四伯,平时你支持我们干革命,大家对你很信任。这次请你再支持一把。"翁吉忠接着说:"四伯,我三舅爹经常讲你的好处,说你勤劳,

---

〔1〕 三舅爹,即郑海啸,因他在家排行老三,故外甥翁吉忠和翁吉周称三舅爹。

〔2〕 即翁浩检,他在五个兄弟中排行第四,是翁吉忠和翁吉周的亲伯父。

做人公正，有信用，很多事情宁可自己吃亏也不为难别人。"翁浩检听了侄子的话，心里乐滋滋的，他说："我信得过志权[1]老弟，他交代的事当然要办好。只是素月过门不久，新房又是择日选时布置的，搬动不大方便。话讲回来，要是吉田和素月同意，我没有什么可讲。"翁吉田和素月当场表态："爸爸真是明理人。这等好事，我们全家都要支持。"大家听了，一致叫好。

　　接着，翁吉忠和翁吉周按照民间习俗，腾出了房间，将新房变成了中共浙江省第一次代表大会的会场，党代会在马头岗的会场问题终于圆满解决了。

---

〔1〕 郑海啸原名郑志权。

杀猪宰羊献礼忙

郑学松[1]

中共浙江省第一次代表大会召开期间，刘英书记嘱咐郑海啸尽量把代表的伙食搞得好一些。为了做好后勤保障工作，郑海啸和平阳县委想到了通过当地党群组织去分散筹办。

一时间农户有的砍下菜园里的青菜，有的摘下瓜果和豆荚，有的送鸡蛋，有的送兔子，有的送鸭子……他们中的许多人都不愿留下姓名，说一点心意，就不要登记了。党支部成员把这些收集起来，不断地送到大会办的食堂。

蔬菜基本上不必去市场购买了，省去许多采购和运输的费用，但是荤食供应还是不足，特别是大会聚餐所需的肉类缺口很大，到市场大量购买不仅要花不少钱，还容易引起社会上的猜疑，不利于大会的保密工作。怎么办呢？郑海啸找来地方上以杀猪杀羊为业的郑学海、郑永济和郑志姜，与他们商量解决的办法。

郑学海，四十多岁，一家三口，地无半垄，靠屠宰猪羊过日子。郑永济正值壮年，人高马大，为人豪爽，是地方上出名的专事屠宰师傅。郑志姜则瘦小精干，与郑永济搭档卖猪肉。平时，两人肩挑猪肉在凤卧乡各村叫卖，大家对他们都很熟悉。郑学海说："队伍来到马头岗一带，买卖公平，秋毫

---

[1] 郑学松（1934—2021），凤卧马头岗人，中共党员。

无犯,我的生意也好做了。我应该感谢队伍,让我为同志送一只羊,表示心意。"郑永济与郑志姜耳语了一下,他们表态说:"国民党便衣队欺压百姓,买肉不付钱,讨钱要挨骂,有时候还挨打。我们恨得咬牙切齿,却有气无处出。自己的队伍来了,我们再也不受气了。我们两个人力量有限,一起拼凑半只猪肉给队伍,不知道够不够?"郑海啸高兴地说:"有了一只羊和半只猪,就足够啦!"又说:"谢谢你们的大力支持!不过,你们的大宗献礼,最好不要声张,免得传出去让国民党顽固派知道,给你们带来麻烦。"

郑学海住在马头岗山头上,独门独户。与郑海啸碰头后,当天晚上,他牵出羊圈里的一只肥羊,与妻子在院子里悄悄地把它宰了。洗涮完毕,本想立刻送到大会伙房,却觉得缺了点什么。他转身回到屋里,找出一张大红纸,叫儿子在纸上写上吉利的话。儿子问:"爸爸,你说应该怎么写?"郑学海想了又想,然后语气坚定地说:"就写'慰劳同志,抗日杀敌'八个大字。"儿子打趣说:"爸爸倒蛮有文才呢!"郑学海笑着说:"队伍来了,我心里高兴,也长知识啦!"儿子写好后,他在雪白的羊身上贴上红纸,然后与儿子一道,连夜抬着羊肉送去会场的伙房。

郑永济和郑志姜认为,猪小皮肉嫩,吃起来爽口。当晚,他们设法买来一头百来斤重的毛猪。在院子里,郑永济待妻子烧开一锅水后,就与郑志姜一起,一个抓猪的两耳,一个抓猪尾巴,将猪按在架子上。猪的嚎叫声响彻山头上空,全村人都知道两个师傅又在杀猪,许多人前来看热闹。

两人把猪放在开水桶里浸泡,给猪充气、刮毛、剖肚子……顷刻间，肉鲜皮白的全猪就呈现在眼前，围观的人无不赞叹："真不愧是杀猪的里手行家，手脚真是麻利！"郑永济操起砍刀，在郑志姜的帮助下，从头到尾把猪劈成两半，又拿来红布条扎在猪的头上和两只脚上。围观的人不知底里，问道："怎么只扎两只脚？"郑永济和郑志姜听了只笑不答。"是不是这半头猪用来还愿？"围观的人又问。郑永济哈哈大笑，说："是还大愿，保佑百姓平安！"

待众人散去后，郑永济和郑志姜抬着半头猪肉悄悄地送到会场的伙房。郑海啸早站在门口欢迎，说："听到猪叫声，就晓得你们一定会来的。谢谢了，谢谢了！"

有了群众给大会的献礼，省党代会的伙食明显得到改善。会议结束那晚，有猪肉又有羊肉，宴席很是丰富。刘英同志表扬郑海啸后勤工作做得好，郑海啸谦虚地说："全靠群众的无私支援。"刘英同志说："鱼儿离不开水。是啊！群众是我们的衣食父母，没有群众，我们就寸步难行，一定要记住群众为革命所做的贡献！"

你真是我们的好大妈

翁仁德

1939 年 7 月下旬，马头岗一带久晴少雨。这一天午后，虽然天空中太阳似火球，但在树荫的遮蔽下，坡地仍是草绿花红，农家小院仍是鸡鸣狗吠，一片安详。冒着骄阳，刘英同志头戴箬笠，在龙跃、郑海啸等人的陪同下，来到了马头岗。

他们先去翁浩统家拜访。翁浩统是郑海啸的亲姐夫，是龙跃的救命恩人，也是刘英的老房东，他们一起来慰问，这是情理中的事。不过，除此之外，他们此行的主要目的，是为正在召开的中共浙江省第一次代表大会选择会址。所以，进入院子后，他们就在整幢房子的前后仔细察看了一番。

翁浩统妻子郑氏听到院子里有动静，赶忙踮着小脚从屋子里迎了出来。一看，原来是刘英首长和自己的弟弟，于是她笑眯眯地说："想不到是你们，快到屋里坐，喝口茶，歇歇凉。"

郑氏 50 多岁，与弟弟郑海啸一样，身材不高，方脸，眉宇开朗，慈眉善目。

刘英同志对郑氏说："翁浩统大伯是为革命牺牲的，我们都很难过，我们永远不会忘记。"

龙跃同志握着郑氏的双手，哽咽着说："大伯是为救我生病的……"

郑氏说："为同志做点事是应该的。都是自家人，以后有

— 177 —

什么需要我们,尽管讲。"

她为客人倒了茶,对弟弟郑海啸说:"志权,你们这次来,还有什么事就直说吧。"

郑海啸说:"姐姐,同志们要在这里开个会,开会的人多,你看腾哪几间房子比较好?"

郑氏想了一想,说:"东边两间是浩检叔叔的,新建不久,还没有筑灶,杂物不多,比较开阔,不过有半间做了新娘房间。东边第三间是我家的,阿忠兄弟几个住,随时可以挪动,西边几间都难腾出来。"

刘英同志听了,点点头。临别时,他说:"大妈,以后再来看你,有机会的话,我就在这里多住几天。"在回驻地的路上,他对郑海啸说:"老海啊,你的姐姐懂得大道理,性格直爽,心思缜密,会出点子,难得啊!"郑海啸说:"我姐姐小时候读过几年私塾,能识文断字,接受新事物快,肯做好事,也最心疼人,在马头岗群众中口碑很好。"

7月21日至30日,中共浙江省第一次代表大会有几天在马头岗举行。郑氏所在的那幢房子东边的两间被开辟为会场,东边第三间的前半间作为刘英同志的办公室兼卧室,后半间住警卫员,平楼上住丁魁梅等三个女同志。

刘英同志白天开会,晚上办公,常常熬夜到凌晨一两点钟才睡觉。郑氏看刘英工作辛苦,每天半夜都起来与警卫员刘正发烧点心给刘英吃,煎两个自家的鲜鸡蛋放在点心上。刘英吃着点心,总是说:"谢谢大妈,让你辛苦,又让你破费了。"郑氏说:"你是客人,又为大家办大事,我们应该出点力。"刘英同志为郑氏的尽心照顾而感动,他说:"你家里穷,几个儿子忙着干革命,过日子不容易啊!你把我当作自己的亲人来看顾,真是过意不去。将来革命成功了,你一家都是功臣,应该享福呢!"

她曾责怪弟弟郑海啸说,大首长都三十多岁了,为什么不帮助他成亲。弟弟听了,只是神秘地笑一笑,不说什么。有一次,她给刘英同志送点心,关切地问:"首长,你成家了吗?像你这个年纪的人,孩子都快结婚啦。"刘英同志说:"斗争太残酷,成家不容易。我才结婚不久,不过,还来不及办婚礼呢。"郑氏问:"那她来了吗?"刘英向楼上努努嘴,笑着说:"远在天边,近在眼前。"郑氏猜想楼上三个女同志中那个文静而干练的丁同志可能是首长的妻子,就问:"是不是丁同志?"刘英同志听了,只笑不答。

大会期间,郑氏悉心照顾刘英同志,又为刘英同志的安全操心,一有空闲,她就一边纳鞋底或纳鞋帮,一边站在院子门口瞭望。她偷偷地量了刘英和丁魁梅鞋子的尺寸,赶做了两双布鞋。大会快结束时,她亲手把两双布鞋交到刘英同志手里。她对刘英同志说:"这两双布鞋,给你两人,看合脚不合脚。"刘英同志接过鞋子,激动地说:"谢谢大妈,你真是我们的好大妈!"

可敬可亲的翁大婶

卢立新[1]

1939 年 7 月 21 日到 30 日,中共浙江省第一次代表大会在冠尖和马头岗召开。这时,中共浙南特委机关设在马头岗翁浩礼家。

翁浩礼家有三间平房,住着翁浩贵、翁浩礼以及他们的母亲郑氏。父亲早逝,母子三人种几丘山田过日子,生活窘迫。翁浩礼 13 岁时就去当学徒,学做圆木。1937 年 7 月 8 日晚,龙跃同志亲自主持,介绍了翁浩贵、翁吉忠、翁吉多入党,并建立了马头岗村党支部。后来,翁浩礼与翁浩晃、翁浩昌、翁吉利、翁吉居等相继入党,成为马头岗村党支部的第一批党员。由于翁浩贵、翁浩礼兄弟两人都是党员,其母亲郑氏与平阳县委书记郑海啸又有同宗关系,于是,翁浩礼家就成为党组织的堡垒户,党内同志常常在他家落脚,按照习俗,称呼翁浩礼母亲郑氏为翁大婶。

翁大婶 50 来岁,小脚女人,中等身材,脑后盘个发结,岁月在她额头上刻下几道皱痕。她性格爽朗,动作利索,像许多山里人一样,待人很热情。

省党代会召开前夕,浙南特委书记龙跃等人来到翁浩礼家。龙跃与翁大婶一见面,就笑呵呵地说:"大婶,这次我们要在你家住几天,又要麻烦你了。"翁大婶如见亲人,拍着手

---

[1] 卢立新,1939 年出生,浙江平阳人,中共党员,中学高级教师。

说："好啊！盼都盼不来呢。啊呀，多时不见，你瘦了，精神可很好。"接着，她与龙跃东山高西山长地拉家常，像好久才见面的亲戚，有说不完的话。

根据需要，翁大婶与同志们一起动手，腾出翁浩礼兄弟的房间让龙跃住下，又清理出堆放杂物的披间让其他几位同志住。她说："房子多年没有打理，破破烂烂的，你们将就点。"同志们忙说："很好，很好！住阿婶的房子，我们都觉得舒服。"翁大婶高兴地说："一家人不说两家话，你们都是年轻人，就像我孩子一样，现在苦点没关系，将来你们可要请我老太婆住上高楼大厦。"同志们乐了，说："阿婶真像自己的亲娘，特别亲切！"

翁大婶看同志们都很忙，就把大家打扫卫生、洗衣服的事全包了。同志们出外活动，一回到住处，郑氏就忙着给他们泡茶，安排他们冲凉，关照他们说："大热天，要多喝水，要防止中痧气。"

省党代会召开期间，翁大婶还与翁浩访的母亲廖世英等姐妹走出家门，站在山梁路口，一边纳鞋底，一边瞭望，为大会放哨。

省党代会开了几天，翁大婶就忙了几天，日日夜夜把同志们的安危挂在心间。正因为有了无数像翁大婶一样的群众的支持和帮助，省党代会才得以顺利进行。

翁吉星[1]的革命故事

一、奋勇退歹徒

翁迪松[2]

翁吉星从小爱好武术,17岁那年跟从当时平阳县宜山区薛家桥的拳师薛科挺习武。由于他勤学苦练,加上身材高大壮实,他的武艺和力气在地方上十分出名。

1929年,在共产党员叶廷鹏的教育下,他参加了革命工作,担任党的地下交通员。1932年春,他以收购茶叶为掩护,经常来往于晓坑、山门、凤卧之间,为党传递文件和信息。

1932年春天的一个晚上,他在山门交通站接到一份重要文件,需要立即传送到凤卧乡党组织的负责人手上。交通站的同志担心路上不安全,要派人护送,他说:"不用啦,晚上白狗子[3]不会出来。就是三五个人近身攻击,我也不怕。"谢绝了同志的好意后,他把文件藏在装茶叶的大布袋里,乘着朦胧的月色上路。春夜寂静,路上无人,正是赶路的好机会。

---

〔1〕 翁吉星(1900—1943),凤卧马头岗人。1929年参加革命,1933年加入中国共产党。曾任党的地下交通员、吴潭桥党支部书记。由于叛徒出卖,1938年7月被捕,其妻子和幼子因遭敌人拷打身亡。1943年1月29日,为掩护三位革命同志牺牲在凤卧镇吴潭桥溪滩上。

〔2〕 翁迪松,1959年出生,凤卧马头岗人,中共党员,烈士翁吉星孙子。

〔3〕 群众对国民党警察的称呼。

他挑着两大布袋茶叶，健步如飞，很快就到了山门与凤卧的交界处——梅岭亭附近。

梅岭海拔173米，西边是山门乡，东边是凤卧乡，山虽不高，但只有一条狭窄的东西通道，山顶路上有一个亭子，叫梅岭亭。行人到此，都要歇息一会儿。

翁吉星看见梅岭头就在眼前，想："再走一半路，就到凤卧了，先在梅岭亭处歇歇脚吧！"

到了亭外，他把茶叶担子停靠在大石香炉边，扯起衣襟下摆擦汗。为什么他不在亭子里歇脚呢？大家知道，学过武功的人讲究占据有利的位置，遇到情况进可攻、退可守。翁吉星虽然艺高胆大，但他还是很谨慎的，何况是深更半夜单独一人。

说时迟，那时快，从亭子里冲出四个人影，在翁吉星面前的路上一字摆开，手里拿着杀猪的尖刀，尖刀寒光闪烁。其中一人大声喊道："布袋里是什么？"

翁吉星脑子一转，知道情况不妙——遇上抢劫的歹徒。他镇定地回答："几十斤茶叶，问这干什么？"

歹徒恶狠狠地说："留下茶叶，走人！"

翁吉星想："丢掉茶叶是小事，可是里面有文件啊！决不能让他们得逞。手里没有家伙，卸下担子上的扁担作武器已经来不及，怎么办？"他急中生智，假装放弃茶叶担子，退到石香炉后。

歹徒看他后退，放松了警惕，一个歹徒收起刀，上前要去挑担子。这时，翁吉星双手抓紧石香炉，"嘿"的一声，高高举过头顶，就要扔过去。那石香炉少说也有两百斤，能被他轻松地举起,他的力气该有多大啊!歹徒吓坏了,纷纷后退,赶紧逃窜,一下子就没了踪影。

翁吉星放下石香炉,拍了拍手,自言自语地说:"想不到这么容易就把歹徒吓退了。"

党的负责人知道这件事后,称赞他为保护文件,临危不惧,英勇击退歹徒。这个几十年前的传奇故事,直到今天还有人津津乐道。

二、父子蒙敌人

翁仁悖[1]

1933 年,翁吉星加入中国共产党。1935 年,根据党的指示,翁吉星从马头岗搬到吴潭桥坎头脚居住,担任吴潭桥村党支部书记。

他办事能力强,又有一身武功,在群众中威信高,党组织设法让他当上吴潭桥保长和农会干事长。有此公开身份,他可以了解国民党地方组织的内部情况和动态,同时有利于掩护革命同志。

同年夏天的一个清早,太阳刚刚上山,国民党北港区区长楼钟声带领保安队一个中队的士兵来到吴潭桥"剿共"。楼钟声找到翁吉星家,把门板擂得"嘭嘭"响。

翁吉星闻声,首先想到郑海啸和十几个同志昨夜在天化寺住宿,早上还未转移。"情况紧急,怎样通知他们呢?"翁吉

---

〔1〕 翁仁悖,1946 年出生,凤卧马头岗人,1980 年加入中国共产党,曾任水头区常务副区长。

星心急如焚，脑子里转了十七八个弯，想着对付的办法。他沉静地开门出来，装出腿脚不便的样子，一瘸一拐地走到楼钟声跟前，说："区长，你好早啊，有什么事吗？"楼钟声劈头盖脸地说："'共匪'就在你吴潭桥活动，你当保长的还敢睡大觉？你马上给我当向导，带队伍去搜查。"

翁吉星听了心里"咯噔"一下，他假装客气地对楼钟声说："你们大清早出来，辛苦了，先坐下来休息一会。"他回头朝屋里喊道："孩子他娘，快起来烧茶，区长他们到了。"交代完，他面有难色地说："区长，要我带路可以，只是我前两天脚崴了，你看，到现在走路还不方便。"楼钟声说："那你快找个人当向导。""好的，好的。"翁吉星答完话，就向屋子里大声喊道："时兹，时兹！你去叫大阿叔，就说保安队来了，要他带路去搜查共产党。"

时兹是翁吉星的大儿子，虽然只有 11 岁，人却很机灵，曾多次给郑海啸送过信。时兹闻声从屋子里出来，翁吉星对他说："你的腿脚灵便，赶快去叫大阿叔，顺便赊包老刀牌香烟回来！"时兹领会父亲的意思，叫大阿叔带路是假的，根本没有大阿叔这个人；赊包老刀牌是暗号，就是叫他通知住宿在天化寺的郑海啸那一班同志。

他说了一声"晓得"，就一溜烟跑到天化寺下杂货铺，对店主人说："大伯，爸爸要我赊包老刀牌香烟。保安队来搜查抓人，快去报告。"店主人是党的联络员，听到后，赶紧去天化寺报信。

店主人走后，时兹就自己动手拿了一包老刀牌香烟。回到家门口，时兹当着众人的面，把香烟递给爸爸，气喘吁吁地说："大阿叔不在家，一大早上街去了。"

翁吉星对楼钟声说："真是不巧。要不，就叫时兹给你们带路吧！他放过牛，这一带山林小路很熟悉。"一来二去，耽搁了小半个时辰，楼钟声干着急，只得说："那好吧，叫你的孩子带路。"时兹听了说："早上还没吃饭，让我先喝口水。"他回屋里磨磨蹭蹭地喝了水，又拿出一把柴刀，蘸上水，在磨刀石上磨起来，说是要趁便砍点柴。楼钟声骂道："小兔崽子，磨什么刀砍什么柴！快带路，误了大事，砍你的头！"

楼钟声的保安队在翁时兹带领下，挨家挨户搜查了一遍，又到吴潭桥南山瞎转了半天，住在吴潭桥北山天化寺的同志们早已转移了。

三、营救交通员

翁迪永[1]

1935年4月，清明前后新茶上市。一天上午，山门乡包山村老交通员翁明筑同志化装成茶贩到凤卧乡送口信，在凤卧街上遇到国民党水头区便衣队[2]。便衣队又是搜身又是检查货担，一无所得，但仍说他身份不明，把他绑到了国民党乡政府继续盘查。这时，如果有人举报，他就会难以脱身。

凤卧街上的地下党眼线立即把这事转告翁吉星，要他出面设法营救，因为他有当吴潭桥保长这张护身符。翁吉星闻

[1] 翁迪永，1949年出生，凤卧马头岗人，中共党员，退休教师。
[2] 国民党水头区便衣队，原是水头区保安队，因经常穿便衣外出活动，俗称便衣队，它是国民党政府的鹰爪，专门对付共产党，欺压百姓。

讯,毫不犹豫地从吴潭桥赶往国民党凤卧乡政府。

进了乡政府,翁吉星看见翁明筑被绑在厅堂的一根柱子上,几个便衣围着他殴打。

翁吉星大喊:"兄弟们,先住手!"几个便衣听到喊声,看是吴潭桥村保长翁吉星,不自觉地停了手。

翁吉星故作惊讶地说:"明筑,你怎么会在这里? 出了什么事?"

翁明筑喜出望外,大声说:"你快救救我! 我来凤卧收茶叶,他们不认识我,说我是共产党,你说冤枉不冤枉?"

"哎呀! 误会啦,误会啦!"翁吉星对便衣队的人说:"他是我的朋友,山门人,一贯做茶叶生意,我们来往好多年了。"

便衣队的人说:"真的是做茶叶生意的? 山门有的是茶叶,怎么会到凤卧收购茶叶?"

翁吉星说:"山门做茶叶生意的人多,茶叶的价码比凤卧高。做生意人总想多赚点钱,哪里便宜就到哪里去收购。你看,最近不是有很多人到山门这里来收购吗?"

"我看这个人不老实,你敢保证他不是共产党?"

"这有什么不敢的? 我敢用人头来担保,他是一个老实的生意人。"

"你是保长,担保错了,拿你是问!"便衣队威胁翁吉星。

"你们就放十八个心! 一切由我担保。你我都是熟人,放了他还有我在。"

"那你写张担保书,以字为凭。"便衣队的人终于松了口。

"好啊,我写!"找来纸笔,翁吉星写道:

担保书

我担保翁明筑不是共产党,释放后果由我负责。

担保人:吴潭桥保长翁吉星

民国二十四年四月

写完以后,翁吉星把担保书递给便衣队的人,笑着说:"想不到读了几年书,现在在这里派上用场。写得不好,别见笑。你们认真执行公务,辛苦了,中午就到我家吃个便饭。"

翁吉星亲自去给翁明筑松了绑,对他说:"兄弟,以后出来做生意,最好到乡政府开张路条,省得发生误会。今后在凤卧遇到什么事,就来找我。"翁明筑明白他的意思,连说:"知道了,知道了! 谢谢老兄。"

说罢,挑起担子离开乡政府去执行未完成的任务。

四、攻打北港区区署

翁迪松

1937 年 1 月 6 日(1936 年农历十一月二十四日)下午,翁吉星接到上级党组织的紧急通知:选派 13 名赤卫队员携带武器集中在吴潭桥待命。晚上 7 点,有人来引路,把他们带到凤卧乡后堡宫。后堡宫周围布满步哨,宫内已经聚集了 60 多名游击队员和赤卫队员,其中有十几个人带枪,其余的都和翁吉星的队伍一样,手拿大刀和梭镖。

中共平阳县委书记郑海啸作了简短的战前动员,他说:"今晚我们浙南红军游击队要去水头街攻打国民党北港区区署,活捉反动区长楼钟声,打击敌人的反动气焰,为人民报仇

188

雪恨！现在进行编队，分头行动，大家的一切行动要听指挥，保证胜利完成任务！"接着，郑海啸组织队伍，做了分工。然后，他走到翁吉星身边，把翁吉星带来的13个赤卫队员一一看过，其中有翁吉尊、林邦贵、林邦接、林邦利、翁吉楷、翁明赖等。郑海啸说："很好！你们个个都手脚利索，有武术功夫，作为敢死队，跟随我行动。"队员听了，个个摩拳擦掌，斗志昂扬。郑海啸和翁吉星是学习武术时的师兄弟，两人也亲如兄弟，有师兄带队，翁吉星信心倍增。

郑海啸和董启文[1]带领翁吉星这一路队伍，经水头街近郊三桥堂，进入面对北港区区署后门的耶稣教自立会教堂边。教堂到区署的后门，当中是麦田，有五百米的开阔地。郑海啸带领大家在麦田中隐蔽前进，埋伏在区署石砌后墙下。他们的主要任务是截断敌人的后门退路，活捉或击毙楼钟声。因为已经查明楼钟声的寝室有一扇后门，门外不远是围墙，围墙有扇小门，小门靠近河沟，河沟备有桥板，供情况紧急时逃遁用。

---

〔1〕 董启文（1914—1948），四川江津（今重庆市江津区）人。1932年加入中国共产党。1936年7月，离开国民党军政部南京防化兵学校到达浙南，为浙南红军游击队负责人之一。1937年春，任中共浙南委员会副书记，同年5月，作为中共闽浙边临时省委与国民党闽浙赣皖边区主任公署和平谈判代表之一。先后任东北民主联军政治部绥化军事学校教员、第六纵队18师54团参谋长。1948年2月19日，在向鞍山守敌发起总攻时，不幸牺牲。

另一路由黄先河[1]和陈急冲[2]带领,利用街道小巷掩护,一直摸到区署前门近旁的栏杆桥,从前门攻入区署。

很快,区署的前门打响了。埋伏在后门的游击队员按预定计划,立即行动。一个游击队员用大铁锤砸围墙的小门,没有砸开,郑海啸说:"师弟,你的力气大,由你来砸开。"翁吉星接过大铁锤,狠狠砸了三五下,区署后门就塌开一个大洞。队伍通过墙门洞,冲向楼钟声卧室。董启文首先踹开房门,连开数枪后,不见动静,打开手电筒一照,已有一个人躺在血污中,手里还拿着一支二十响的连珠驳壳枪。翁吉星上前辨认地板上被打死的人,踢了几脚,说:"是楼钟声!他就是烧成灰我也认得出。这家伙死了,还拿着枪,真是货真价实的死顽固!"

郑海啸见楼钟声已死,区署里已听不到枪声,就命令大家一个房间接一个房间地搜索,捉拿躲藏的敌人,收拾战利品。

翁吉星和他的队员砸开一扇房门后,发现床上没有人,

---

〔1〕 黄先河(1913—1999),浙江平阳人。1931年加入中国共产党。1932年,任中共浙南委员会委员。1936年,帮助红军挺进师和中共闽浙边临时省委与党中央恢复联系。先后任中共闽浙边临时省委白区工作团主任、闽浙边抗日救亡干部学校副校长、中共温州中心县委书记。中华人民共和国成立后,任黑龙江省佳木斯市副市长、合江省政府民政厅副厅长、温州专员公署专员、温州市市长、中共浙江省委统战部副部长以及浙江省政协第四、五届常委等职。

〔2〕 陈急冲(1914—1943),浙江平阳宜山(今属苍南县)人。1934年加入中国共产党。1938年3月,随粟裕开赴皖南。1939年春,任新四军第二支队作战参谋,后任抗大九分校二大队五中队队长。1943年,新四军十六旅和抗大九分校在苏南溧水韦峰山一带遭到国民党重兵包围,不幸牺牲。

摸摸被窝，还是热的，就用梭镖戳床下。这时，床下发出哀叫声："别戳啦！别戳啦！我出来，我出来！"接着从床下爬出一个人，战战兢兢地趴在地板上不住地磕头。翁吉星喝道："你是干什么的？""我是文书，是文书。饶命，饶命呀！"翁吉星像抓小鸡一样，一手将他提起来，叫队员押下。

不到一刻工夫，前后门两路游击队都顺利地结束了战斗。除楼钟声及数名企图逃跑的敌兵被击毙外，其余四十多个敌人都当了俘虏。这次行动缴获步枪四十多支，手枪一支，子弹三千多发，手榴弹一百多枚。

下半夜，红军战士和赤卫队员扛着缴获的武器弹药撤离水头街。返回路上，郑海啸对翁吉星说："师弟，这次大家都得到真刀真枪的锻炼。敢死队很勇敢，功劳不小呀！"翁吉星和他的队员都说："还打得不过瘾，不解恨。志权哥（即郑海啸），下次有任务，你要让我们打头阵！"

五、满门忠烈

翁吉忠

1938 年 3 月 18 日，浙江新四军北上抗日誓师大会在凤卧乡吴潭桥水尾宫召开。之前，翁吉星发动群众打草鞋、送慰问品，做了很多的工作。新四军北上抗日后，国民党对中共浙南地方组织发起了疯狂的进攻，也把吴潭桥作为"清剿"的重点。由于叛徒赖娘钦的出卖，这年 7 月的一天晚上，翁吉星在吴潭桥坎头脚的家中被捕。

便衣队把他押送到瑞安监狱进行拷打，坐老虎凳、十指插针等严刑都用尽了。翁吉星遍体鳞伤，始终不供认自己真实的身份，不泄露党的秘密。

硬的不行，敌人就来软的。叛徒赖娘钦假惺惺地说："红军已经走了，地下党也救不了你。招了吧，免受皮肉之苦。"

翁吉星回答说："我是种田人，抓我有什么用？"

赖娘钦说："我知道你是共产党员，不要嘴硬！"

翁吉星不屑一顾，反问道："你有什么证据？"

赖娘钦说："红军北上时，你叫老百姓打草鞋、送慰问品，这是为什么？"

翁吉星哈哈一笑，说："红军北上打日本鬼子，哪个老百姓不支持？难道你不愿意？"

赖娘钦被抢白、嘲笑，恼羞成怒，恶狠狠地吼叫："证据会有的，你就等着瞧！"

从翁吉星嘴里挖不出什么，赖娘钦便带便衣队员再到翁吉星家中收集材料。凶恶的敌人对翁吉星妻子进行拷打逼问。当时，翁吉星妻子林氏怀有六个月身孕，被打得流血不止。林氏骂道："一人做事一人当，你们打我算什么本事！打死我，你们就欠下两条人命！"年仅 4 岁的儿子翁时魁，见母亲被打得血淋淋，抱住一个穿短裤的便衣队员的大腿，狠狠地咬下一块肉。便衣队兽性大发，抓起翁时魁摔在地上，当场把翁时魁活活摔死。接着，他们拷问翁吉星的长子翁时兹，把他打得吐血。但是，敌人得不到一句有用的口供。

敌人无计可施，放出保释的话风，准备勒索钱财。翁吉星的长子翁时兹在叔父翁吉蓝的帮助下，变卖了全部田产，加上党组织和乡亲们的多方支持，好不容易才把父亲救赎回来。

翁吉星回家后才知道,妻子被敌人殴打致早产而亡,小儿子被活活摔死。敌人害得他妻死子亡,倾家荡产。这笔账一定要清算!他擦干眼泪,把万丈怒火埋在心中,继续投身革命。

苦难压不倒他,群众赞扬他是个铮铮铁骨的汉子;不屈不挠斗敌顽,党组织赞扬他家是满门忠烈。

六、血洒吴潭桥

翁仁夫[1]

1941年12月凌晨,中共平阳县委机关的几位同志在瑞安与平阳交界处与国民党顽军遭遇,中共平阳县委书记郑海啸命令分散突围。他交代其中三位同志去找吴潭桥的翁吉星,设法隐蔽起来。"见面时,就说'师兄有事请帮忙',对方说'有事尽管讲',那就找对人了。"三位同志埋了枪支,翻山越岭,当天傍晚到达吴潭桥,与翁吉星对上了暗号。

腊月时节,天寒地冻。三位同志经过一天的奔波,疲惫不堪,而且肚子早已饿得咕咕叫。翁吉星把三位同志当作客人带回家,连忙叫儿子时兹烧饭给他们吃。

正在吃饭时,篱笆外有人叫唤:"翁师傅在家吗?"叫声未停,三个人闯进院子。

"是谁呀?"翁吉星赶忙迎出门。

---

[1] 翁仁夫,1947年出生,凤卧马头岗人,中共党员,曾任马头岗村党支部书记。

"你不认识我吗?"原来是叛徒赖娘钦又找上门。他身后跟着两个提驳壳枪的便衣特务。他们不搭理翁吉星的问话,径直往屋子里走。这时候,翁吉星想拦也是拦不住了,正在吃饭的同志已来不及躲避。

"谁不知道你是老赖呀!找我有什么好事?"翁吉星只得跟在他们后面进入屋门。

赖娘钦看到吃饭的三个陌生人都已站在桌边,其实面孔都是熟悉的。他正要示意便衣特务动手,忽然觉得三个人对付四个人有点难,况且翁吉星就站在自己的背后。他知道翁吉星是拳师,近距离交手占不到便宜。"好汉不吃眼前亏",他胆怯了,不敢挑明真相。于是,他转身对翁吉星说:"原来是你的朋友在吃饭。打扰了,打扰了。没事,没事。"说罢,赶紧招呼同伙出去,生怕翁吉星从后面给他致命的一拳。

翁吉星想,既然叛徒赖娘钦发觉了,他是不会罢休的,很可能会去叫来更多的便衣特务。事不宜迟,他马上对三位同志说:"狗鼻子闻到熟人的气味啦!我马上送你们转移。"

冬天的晚上来得快,天已暗下来。翁吉星带领三位同志翻过后山,走了大半夜的路程,终于把他们护送到腾蛟区王坛根竹埔根据地。

过了三天,家乡没有异常情况的信息,翁吉星就趁着朦胧的月色从王坛根竹埔回到吴潭桥。翁吉星快到家时,没有想到敌人早有埋伏。赖娘钦和六七个便衣突然四面包围上来,驳壳枪枪口指着他。这时候,逃跑和反抗都已来不及,他被五花大绑起来。翁吉星破口大骂："狗生的[1]，你们偷偷摸摸干坏事，丧尽天良！你们认贼作父，没有好结果！……"

经过吴潭桥溪滩时，敌人的枪声响了。翁吉星的鲜血洒在溪滩上，他壮烈牺牲。

---

[1] 当地骂人用语。

翁浩礼[1]宁死不屈

翁迪永

1933年,中共浙南委员会书记叶廷鹏在凤卧乡开展革命活动,党员郑海啸以他创办的凤林初级小学为依托,以开办拳馆为掩护,宣传革命思想。

当时,翁浩礼年仅16岁,与哥哥翁浩贵一起参加拳馆练武,接受革命教育。他和哥哥都处在青春焕发时期,朝气蓬勃,而且对革命有一定的认识,所以,郑海啸常把一些党内外的联络工作交给他们去完成。

翁浩礼13岁时当木工学徒,16岁出师,有做圆木[2]的好手艺。白天,他挑着工具箱游乡串村,吆喝着:"箍桶罗……做眠床喔……"他待人诚恳,手艺又好,逐渐地受到顾客们的欢迎,远近的老百姓都知道马头岗有个挺不错的小木匠。有此方便,他可以在泰顺、文成和平阳各地自由活动,送文件、传消息成为他经常做的工作。经过几年的锻炼,1937年冬,他加入中国共产党,正式成为中共浙南特委的机关交通员。

1939年7月下旬,中共浙江省第一次代表大会在冠尖和

---

〔1〕 翁浩礼(1917—1940),凤卧马头岗人,1937年加入中国共产党,革命烈士。

〔2〕 做圆木:当地群众把木工活分为大木和圆木两种,造屋子的木工称为大木师傅,做家具的木工称为圆木师傅。

马头岗召开。当时,马头岗村只有三十来户人家,要住上近百号参加会议的人确实不容易。翁浩礼和党支部成员一起挨家挨户进行动员,腾房子、搞后勤,日夜操劳。除此之外,翁浩礼还带领村民到十几个观察点去站岗放哨,执行保卫党代会的任务。省党代会开了九天九夜,翁浩礼也忙了九天九夜。他熬红了眼睛,人也消瘦了一圈,终于顺利地完成为省党代会服务的工作。

1940 年,国民党反动派在凤卧乡设立"剿匪办事处",疯狂搜捕、杀害共产党员和革命群众。敌人把马头岗作为"清剿"的重点,三天两头来抓人、抢东西、烧房子,村里的党组织活动因此由公开转入隐蔽。

在白色恐怖下,个别人背叛了革命队伍,甚至为虎作伥。1940 年 6 月 16 日上午,叛徒苏兰带便衣队突然闯进翁浩礼的家。这时,翁浩礼正坐在凳子上箍脚桶,细碎的刨花散落一地。

翁浩礼认识苏兰,想:"这个该死的亲自来,我是躲不过了。"于是,他说:"老苏,有什么事吗?"

"翁浩礼,跟我们走一趟!"苏兰说。

"我正忙着,有事就在这里讲吧!"翁浩礼坐着没有起身。

"你与土匪有关系,去讲讲清楚。"

"哎呀,你讲的土匪是指当年的红军吗?前两年,红军去前方打日本鬼子,老百姓都拥护,你也很积极,这有什么讲不清楚的……"翁浩礼说。

叛徒苏兰被顶得哑口无言,心里很不是滋味,说:"你和老海有关系。"

"老海是我的师父,前几年有来去,不过,这几年倒是看不到他。"

"不要啰唆!你跟我们走吧!"便衣队有人下了令,两个便衣队的人立刻摁住翁浩礼。

翁浩礼挣扎着,大声说:"慢来!我跟你们去就是了。不过,要让我把这脚桶做好,现在只剩下刨光这一道工序。这是结婚用的,我已经答应主人家今天来取货。做活和做人一样,都要讲信用。"翁浩礼认为,自己被抓没关系,耽误顾客好事是对不起人的。

敌人是不管这一套的,当然不允许他把活干完,就把他抓走了。

国民党平阳县县长张绍舞得知捕获到中共平阳县委书记郑海啸的徒弟,下了一道死命令:一定要撬开翁浩礼的嘴,破获共产党的联络点,抓住郑海啸。

敌人施行十指夹棍、十指插针、坐老虎凳等酷刑。每一次提审,翁浩礼都痛得死去活来。敌人的酷刑拷打,只能使意志薄弱者屈服,却不能动摇一名真正的共产党员的钢铁般意志。翁浩礼被折磨了四十来天,始终不暴露自己的交通员身份,坚持说自己只是一个拥护抗日的群众。

敌人无计可施,1940 年 7 月 26 日,在水头渡船头溪埔将翁浩礼枪杀。

年仅 23 岁的翁浩礼牺牲了,他的英名永留人间!

看谱巧脱身　舍身救群众

翁彩云

　　翁浩晃,出生在凤卧乡马头岗村,从小就饱经生活的磨难。7岁那年,父亲被国民党反动派杀害。8岁那年,姐姐被送去当童养媳。家中只剩下母子两人,他们相依为命,过着吃了上顿没下顿的生活。后来母亲也离世了,翁浩晃孤苦伶仃撑门户,过着"春屋漏、夏无粮、秋衣单、冬无被"的日子。多亏姐姐和乡亲的接济,才勉强活下来。也多亏郑海啸创办凤林村初级小学,使他在十一二岁时能读上两年书。

　　艰难困苦并没有压倒他,他像马头岗山上的松树,雪打风刮摧不垮,顽强地成长起来。十五六岁时,他像山间的春笋拔节,一股劲地往上长,个子魁梧、壮实。他身高腿长,动作快捷,而且脑子灵敏、为人豪爽讲义气,真是人见人爱。

　　13岁开始,翁浩晃就跟姐姐翁彩云跑交通,送文件、传递口信,每次都出色地完成任务。中共浙南特委书记龙跃对翁浩晃很是赏识,说他机警成熟,把他当成小弟弟。

　　1938年春,翁浩晃正式成为一名党的地下交通员。1939年冬,他加入中国共产党。

　　翁浩晃对各地的地下联络点十分熟悉,遇到意外情况也善于应对。有一次,他去山门大峃传递口信。中午后,天气炎热。他头戴笠帽,顶着烈日,解开衣襟,袒胸露肚,行走在旷野里。途中,碰到出来"清乡"的国民党便衣队。便衣队看他浑身上下没有什么东西可藏,就进行盘问。

"小子,去哪里?"

"去翁浩渊家,他家就在前面的村子里。"翁浩晃冷静地说。

"干什么?"

"看族谱〔1〕。"

"什么用?"便衣队逼问。

翁浩晃解释说,父母早亡,自己年幼不知祖上的墓地,也不知父母的生卒具体时间,现在准备给父母做墓,所以需要查阅族谱上的记载。他的讲述合情合理,不露一丝破绽。

便衣队听了,还是将信将疑,揪住他不放,说:"带我们去翁浩渊家,看你讲的是不是对头。"

翁浩晃无奈,只得去翁浩渊家,后面跟着国民党便衣队的人。

翁浩渊不在家。翁浩渊的父亲看来了便衣队,很是不安。翁浩晃说:"大伯,没有什么大事。我要给父母做墓,先来看族谱。"翁浩渊的父亲慌忙打开衣柜,拿出几本陈旧的族谱,说:"都在这里,你自己看吧!"又说:"年纪轻轻,就知道给父母做墓,真是孝顺的孩子。"

翁浩晃接过族谱,镇定自若地坐下来慢慢地翻看。便衣队自讨没趣,悻悻地走了。

事后,领导问翁浩晃为什么总能够轻松地甩掉敌人。他说:"每次送信都要准备好几套对付敌人的办法,到时候,只

---

〔1〕 族谱,记录族人的传承、生卒、婚嫁、墓葬等状况。族谱编就后由专人保管,需要时可以查看。

要心中不慌,就能随机应变。"

1940 年到 1941 年,国民党顽固派丧心病狂地开展大"清乡",在凤卧乡设立所谓的"剿匪办事处",白色恐怖笼罩着凤卧乡。

翁浩晃是共产党员、党的地下交通员,为了躲避敌人的抓捕,他晚上都不敢在家中过夜,睡在邻居翁浩传房子前面大丘脚的稻草堆中。这个地点能看到通向马头岗的各条山路,如有动静,可以及时上山躲避。

1941 年 1 月,敌人搜查翁浩晃藏身地点,发现了三双红军鞋。敌人如获至宝,把它作为逮捕翁浩晃的证据。

第二天,天刚蒙蒙亮,便衣队到马头岗抓翁浩晃,搜遍全村也找不到他。

便衣队不甘心,把全村的上百个村民集中在大坪山山埔上。敌人拿出三双红军鞋,说:"翁浩晃'通匪',这就是证据,你们把他交出来!"

有的村民说:"是真是假,只有翁浩晃知道。他不在,我们怎么知道?"

有的村民说:"翁浩晃孤身一人,锅灶打在脚肚子上,一个人吃饱,全家不饿。平时来无影去无踪,一时间怎么找得到他?"

村民翁浩善说:"这些鞋子说不定是过去队伍留下来的,怎么肯定是翁浩晃的?"

敌人听了,说:"你敢包庇翁浩晃?"当场就把翁浩善捆绑起来,"你不交出翁浩晃,就先杀了你!"

翁浩善说:"马头岗只有几十户,你们都搜遍了,翁浩晃确实不在家，杀了我也一时抓不到他。"

有的说："杀了我们也无济于事。"

……

便衣队穷凶极恶地说："你们不把翁浩晃交出来，就先杀翁永善，接着把你们一个个杀掉！"

便衣队什么坏事都干得出，他们的口号是"宁可错杀一千，也不漏过一个"。在敌人的枪口下，村民们随时都可能被残害。

就在群众与敌人对峙的时候，翁浩晃出现在马头岗对面的小隔子山。原来，昨天他送信去山门乡旺士畲，昨晚在山门乡下东山姐姐家过夜，早上才回家。

他看到大坪山山埔上聚集着许多人，还听到敌人的吆喝声。一打听，才知道敌人为了抓自己，把村民当人质。有人叫他赶快逃跑，被便衣队抓住会没命的。

这时，翁浩晃完全可以跑掉，但是他想到敌人枪口下无辜的村民：父亲早死、母亲早亡，我从小是吃百家饭长大的，乡亲们是我的再生父母，绝不能因为我而受害。他更想到：我是一名共产党员，绝不能为保全个人的生命而牺牲群众！为自己苟活着，不如为乡亲们献出自己的生命！

翁浩晃毅然作出决定：一定要把群众救出来！

他一路小跑赶到大坪山山埔，站在敌人的面前，大义凛然地说："我就是翁浩晃，你们不是要抓我吗？我到了，先把他们放掉！"在场的群众都被他的举止感动，惊讶他竟然不怕死，舍身来救他们。

敌人捆绑了翁浩晃，放了群众，随即把他押到凤卧宫。敌人知道像他这样不顾命的共产党员是审讯不出口供的，一阵毒打后，就在凤卧宫的炮台边实行枪杀。挨了一颗子弹，翁浩晃仍然活着，他高喊着："共产党员杀不绝！同志们会为我报仇！"凶残的敌人用一块石头堵住他的嘴，把他踩死。

就这样，翁浩晃为解救群众英勇牺牲。中华人民共和国成立后，中共浙南特委书记龙跃在给翁浩晃的姐姐翁彩云的信中写道："你弟弟浩晃为革命献出了自己可贵的青春，我一直没有忘记他那勤勤恳恳、活泼朴素的形象。他是一个好同志，如今尚在的话，一定是党的好干部。"

郑克练热血写春秋

郑昌儒[1]　　郑昌德[2]

　　郑克练出生于 1908 年 9 月,家在平阳县山门乡梅岭脚,因家境贫寒,小时候只读过几年书,但他勤学苦练,写得一手好字和好文章。村民办喜事、过春节,请他写对联,买卖房屋、田地,也请他代书契约,在地方上他算是一个热心帮忙的能人。不管是在梅岭脚还是在马头岗,他人缘都很好。

　　1937 年,郑克练参加党的地下活动,同年加入中国共产党,一度脱产入伍,参加浙南红军游击队。他经常来回于梅岭脚与马头岗之间,从事革命活动。他早年丧妻,独生女儿郑春花嫁给马头岗共产党员、党的地下交通员翁吉周,他年纪轻轻就当上岳父。此后,他以女儿女婿的家为家,马头岗人也把他看成自家人。

　　1937 年"七七事变"后,全民族抗日战争爆发,中共闽浙边临时省委与国民党地方当局达成共同抗日协议。借此时机,郑克练带领党支部成员不辞艰辛,宣传群众、教育群众、武装群众,建立村农民协会和农民抗日自卫队,举办农民夜校、妇女识字班等,把村里的抗日救亡活动如火如荼地开展

---

　　〔1〕 郑昌儒,1932 年出生,浙江平阳人。1949 年加入中国共产党。曾任浙江省检察院处长、省工商行政管理局副局长。离休后,曾任浙江省新四军历史研究会副会长兼浙南分会会长。

　　〔2〕 郑昌德,1939 年出生,凤卧马头岗人,温州华华集团工程师。

起来。白天,郑克练率领抗日自卫队手持梭镖、大刀、土枪进行操练。夜晚,郑克练在自家所在的郑宅,点起煤气灯,把大厅和院子照得像白昼。梅岭、磨石山、中贡一带的青年、妇女、儿童从四面八方来郑宅学唱歌、学文化、听讲演,熙熙攘攘,热闹非凡。郑克练带头教唱,宣传抗日主张。"火!火!火!东洋鬼子放的火;血!血!血!中国人民流的血!东洋鬼子杀人放火,千千万万人民怎么过?""我中华,在东亚,人口多,土地广,鬼子来了和他拼个你死我活!"《大刀进行曲》《松花江上》《义勇军进行曲》的歌声高昂,响彻山村的夜空。在郑克练的带领下,一时间,梅岭脚一带抗日的烈火熊熊燃烧,梅岭脚成为抗日救亡活动的一面旗帜。1938年春,梅岭脚成立党支部,因工作需要,他回村担任党支部书记。后来,他兼任中共平西区第一分区委委员、中共平西区第一分区委武装委员等职务。

1939年7月下旬,中共浙江省第一次代表大会在冠尖和马头岗召开,郑克练带领党支部两名党员直接参加马头岗会场的外围安全保卫工作,放哨巡逻,日夜警戒,还帮助购买、运送一些物品。大会保卫组领导对他说:"郑老弟,你太辛苦啦!"他回答:"我恨不得多长两只眼睛来警戒,我要以性命保卫会议!"

1940年春开始,国民党把浙南地区作为武装"清乡"的一个重点。敌人大肆搜捕、屠杀我党同志和革命群众,白色恐怖甚嚣尘上。郑克练的革命活动早已引起敌人的注意。年底,平西区党委书记林瑞清布置郑克练做两套长衫,供领导同志化装使用。郑克练执行党组织交代的任务,从来是说一不二,雷厉风行。他买来布匹,请山门水门头裁缝师傅林书胜制作完成,按期上交。这件事被反动分子发觉,山门乡反动乡长、便衣队长郑子奇知道,郑克练在地方上威信高,公开抓捕会引起群众的义愤,于是暗中派出便衣特务,于1941年1月2日夜潜入郑宅,将郑克练秘密逮捕,并当即在梅岭脚大路边枪杀。同晚,被暗杀的还有梅岭脚党支部的组织委员、平西区委交通员郑昌匀。

郑克练牺牲时年仅33岁,中华人民共和国成立后,经民政部批准被追认为革命烈士。

地下交通员翁吉周[1]

郑智宏[2]

　　1931年春,浙南游击区奠基人之一郑海啸来到平阳马头岗,向他姐夫翁浩统讲共产党为穷人打天下的革命道理。翁浩统全家都觉得他说得很对,便积极配合他的革命工作。这样一来,翁浩统家就成为地下的秘密交通站和联络点。翁浩统在当地是有威望、有觉悟的人,他觉得应该让五个儿子也明白其中的道理。

　　此后,翁浩统把大儿子翁吉忠送到郑海啸身边,担任专职交通员;把二儿子翁吉周安排在凤卧乡中街开豆腐店,以卖豆腐为掩护,传递信息,豆腐店成了交通站;把四儿子翁吉来送到占家埠当学徒,一边学生意,一边打听情况。一年后,形势非常紧张,翁吉周回马头岗当交通员。

　　1937年5月23日傍晚,翁吉周受上级委托,传送重要密信给凤林房山郑志荫同志,途经凤林的下尾宫。当时凤林设有反共办事处。突然,宫门边走出七八个反动分子,高声喊着:"站住!谁呀?"翁吉周急中生智,把密信往嘴里塞,吞了下去。他们问:"去哪里?干什么?"翁吉周回答说:"我的外

---

〔1〕 翁吉周(1918—2005),凤卧马头岗人,烈士郑克练女婿,党的地下交通员。

〔2〕 郑智宏,1967年出生,凤卧马头岗人,中共党员,曾任瑞安安阳高中校长。

婆生病了,我去看一看。"其中一个反动保长施润轩,认得翁吉周是郑海啸外甥。两个反动分子马上就来搜身,没有找到任何可疑的东西。反动分子威胁他说:"你不说实话,带走!"立即就将翁吉周带去国民党水头区公所,关押起来。审问几天,没有得到任何有价值的口供,反动区长说他不老实,动用大刑。翁吉周坚贞不屈,敌人见捞不到东西,就把他囚禁起来。二十多天的折磨,加上受刑的重伤,使他满身溃烂,奄奄一息。家人得知消息后,通过地下组织,多方营救,最后花了很多钱物,才以治病为由,把他保出来。那时,刚好当地有一个青年亡故,党组织觉得可以利用这个事情瞒天过海:安排翁吉周家人散布翁吉周因病情严重,医治无效亡故的消息。他母亲和兄弟姐妹整天啼哭,十分伤心。后来将他的名字改为翁吉周(他原名叫翁吉想)。这样就戏剧性地瞒过国民党反动派。

1939 年 7 月 21 日至 30 日在冠尖和马头岗召开中共浙江省第一次代表大会,会前,刘英和郑海啸来马头岗村召开支部及青年积极分子会议。当时刘英同志说,你们支部和群众要积极为大会做些事:一要把房子打扫干净;二要为大会做好保卫工作,站好岗放好哨,不准闲人过往,慎防坏人破坏,保卫大会顺利进行;三要注意大会的伙食卫生,蔬菜、饮用水严防投毒等。翁吉周带头将会场打扫干净,并用蛎灰散地,用香熏消毒,还动员新婚夫妇翁吉田、林素月腾出新房,给大会作会场。翁吉周的积极态度得到刘英和郑海啸同志的表扬。中共浙江省第一次代表大会召开期间,翁吉周等十几位党员群众为大会站岗放哨。大会胜利闭幕后,刘英同志对马头岗村党支部和群众的积极配合十分满意,他说:"革命成功后,我要把马头岗建设好。"

　　1942年2月间,郑海啸小儿子郑一平(原名郑学仁)随浙江省委书记刘英,在温州被叛徒出卖,同时被捕。后来刘英被押解至永康方岩,郑一平逃狱。其回家后发现,自家连同叔伯的房子都被反动派烧毁,又与父亲失去联系。饥寒交迫、走投无路之下,他想到了马头岗的姑母。姑侄相见,相拥而泣。这一天,郑一平吃到了有生以来最美味的饭菜。"温州事件"后,国民党反动派的反共活动变本加厉,形势异常严峻,郑一平在姑母家也不安全。夜间,只要听到狗的叫声,所有人都警惕起来,迅速做好转移的准备。表兄翁吉周得到可靠消息——有人要找郑一平,便带他到后面山岩石洞藏匿,一连住了五六天。送饭、送衣、送水均由翁吉团负责。后来郑一平得不到父亲消息,就想去福建寻找。翁吉周护送他动身,为了避人耳目,他们选择偏僻小路。那天刚好下大雨,他俩在雨里雾里,深一脚浅一脚,默默前行,直至闹村岭头与灵溪交界的山隔上。分手时彼此分不清满脸是雨水还是泪水。翁吉周嘱咐郑一平:"一路小心,保重。"郑一平回答说:"知道了,请放心吧!"两人依依离别。翁吉周还跑到山隔最高处,望着郑一平向前而去,直到看不见他身影,才转身回家。

雨伞藏密件

翁吉王[1]

1933年，郑海啸等同志带领红军游击队在马头岗、大屯、二五坑、包垟、樟垟、山门等地开展活动，组织赤卫队、发展党组织、建立秘密联络点。年仅18岁的翁彩云担任凤卧党支部的交通员。

翁彩云是凤卧乡马头岗人，父亲是农会会员，被国民党杀害。因为家庭贫困，13岁时她到山门下东山黄家当童养媳。她充当交通员，可以借口走娘家，来往于山门和凤卧，加上是女流之辈，不容易引起敌人的注意。翁彩云对党忠诚，凭着大胆和机智，担任交通员多年，从未出事故。

翁彩云送信时，常常把比她小5岁的弟弟翁浩晃带在身边，姐弟两人装扮成走亲戚。她教育弟弟说："胆要大，心要细。党的秘密比生命还重要，打死也不能出卖。"

翁彩云有一把特制的纸雨伞[2]，专门用来隐藏文件。雨伞套手钉有一枚铁钉，拔出铁钉，可以卸下套手，露出空心的雨伞柄。文件藏在雨伞柄里，用木塞堵住，除非折断雨伞柄，一般是不会暴露的。

有一次，翁彩云把信件藏在雨伞柄里，与弟弟翁浩晃一起去送信。途中，遇到敌人临时设立的哨卡。躲避和改道已

---

〔1〕 翁吉王(1934—2022)，凤卧马头岗人，中共党员。

〔2〕 纸雨伞:伞骨轴由小竹子做成，伞面是涂过桐油的绵纸。

经来不及,她低声对弟弟翁浩晃说:"别怕,看姐姐的。"

"站住! 干什么的?"哨兵一脸凶相,大声喝问。

"走亲戚。"翁彩云镇静地回答。

"把东西放下!"

翁彩云顺从地放下雨伞和手巾包。手巾包里是一包细拉面,上头有一小张红纸,这是走亲戚通常的见面礼。

哨兵把她的手巾包翻了翻,又问:"晴天,带什么雨伞?"翁彩云笑着说:"人都说'六月天带棉袄,大晴天带雨伞'是老客,带雨伞可以遮太阳,避风雨。你看这春天时节,有时候像孩子的脸,说变就变……"

哨兵不理会她的话,把她衣服上下捏个遍,得不到任何东西;又把她的雨伞拿起来检查,撑开雨伞,用力拔了拔雨伞柄,没有拨动,就把雨伞扔到一边。接着去搜查翁浩晃,同样一无所获。哨兵不耐烦地说:"走走走!"

翁彩云拾起雨伞和手巾包,不慌不忙地整理一下衣服,才牵着弟弟从容地走过哨卡。

巧藏手巾包

翁吉王

1933 年,有一次,翁彩云送印刷油和信件去山门乡土地公山,因为印刷油体积大,只好包在手巾包里,但很容易暴露。那天早上雾气浓,三十米外的情景十分模糊。在路上,她突然听到前面有说话声,七嘴八舌的。"雾气太大,路都看不清,要当心点。""遇上这鬼天气,抓人不容易。""要是人跑了,没办法追。"

从只言片语中,翁彩云知道迎面而来的是国民党便衣队,他们正要去抓人。她赶紧退到路边,把手巾包塞入草丛中掩盖起来。接着,她跑到另一个地方蹲下,假装小便。

来的果然是荷枪实弹的便衣队。敌人发现了她,便问:"在这里干什么?"

"撒尿。"

"哪里人?"

"马头岗。"

"去哪里?"

"回山门下东山夫家。"

"为什么在大清早走路?"

"孩子病了,要赶回去。"

尽管翁彩云对答如流,便衣队还是不相信,搜遍她的全身,却得不到任何东西。

"大清早碰到女人撒尿，真晦气！我们走吧，别耽误了大事！"便衣队中有人发话。估计他是个头目，便衣队终于走了。

翁彩云如释重负，慢慢向前走了一段路。过了一会，她估计便衣队走远了，就返身去取回手巾包，赶紧向目的地走去。

翁浩寐掩护同志

翁吉王

翁浩寐兄弟五个，都是党的基本群众。他的大儿子翁吉利是马头岗第一批入党的党员，他家是堡垒户，中共平阳县委机关的同志们经常在他家住宿。

1941年8月的一个晚上，有三个同志来翁浩寐家过夜。天黑沉沉的，下着毛毛细雨。往常同志们来，都睡在他家对面的大茶树下，虽然蚊子多，但是进退方便，比较安全。因为下雨，大茶树下不能睡人。大家认为，这次只能睡在家里了。

翁浩寐和妻子轮流为同志们守夜，如果听到狗叫声，或者发现什么动静，可以随时叫醒同志们，让他们躲到屋子后面的树林里。

凌晨四点，天空才有点亮色。忽然，村子里狗吠声此起彼伏，越叫越凶。翁浩寐的妻子急忙叫醒同志们，由翁浩寐带他们火速撤出屋子。翁浩寐把同志们转移后，回到自家旁边的树林里，观察情况。

同志们前脚刚走，敌人后脚就到。原来是山门乡反动头子胡某带领国民党便衣队包围了马头岗，挨家挨户进行搜查。敌人搞突然袭击，这是阴险的一招，让人防不胜防。

"人呢？"胡某问。

翁浩寐妻子指着刚刚起床的中年人，说："现在，除了我，只有这位刚刚起床的师傅。你要找什么人？"

"你骗不了人，楼上的床铺还有热气。"胡某说。

那位师傅接过话，说："是我刚刚睡过。"

"你是干什么的？"

"我是做工的。他家儿子要结婚，叫我来做新床。"便衣队里有人认识他，给他做了证明，就不多问了。

这时，便衣队抓住了躲在屋子旁边树林里的翁浩寐，把他押到屋里审讯。

便衣队问："昨晚有几个'土匪'在这里过夜？"

翁浩寐回答："没有呀！"

"那你为什么要逃？"

"外面乱纷纷，我不知道干什么，就躲起来再说。"

一个便衣队的人，从楼上搜到一本古小说，问："这书是谁看的？"

翁浩寐回答："是我无事时看的。"便衣队把他按倒在地上，用毛竹片抽打，打得他皮开肉绽，鲜血淋漓，几次昏迷过去。天亮后，他被押到山门乡公所。

在山门乡公所，便衣队再施酷刑，但仍无所获。过了两天，便衣队把翁浩寐押送到设在水头的北港区区署，关在监牢里，继续刑讯逼供。翁浩寐原是一个壮实的中年人，几个月下来，被折磨得皮包骨头，伤痕累累，体无完肤。敌人还以枪毙来威胁他，甚至通知他的家人到水头领尸体，妄图以此摧垮他的意志。

头可断，血可流，肉体和精神的摧残，没有动摇翁浩寐的坚定信念，他始终没有暴露与党组织和革命同志联系的秘密。

翁浩寐被捕后，党组织千方百计营救他。几经周折，由两个地方名士——凤卧乡的施光锭、金岙的胡某出面用钱保释出牢。

诈死脱身

翁仁笋[1]

翁吉周,原名翁吉想,是共产党员、党的地下交通员。党安排他在凤卧乡中街开豆腐店,以卖豆腐为掩护,传递消息。

1937年5月23日傍晚,他受上级委托,去凤林房山给党支部书记郑志荫同志送密信。途经凤林下尾宫,宫边突然冒出七八个人,他们都是国民党驻凤林"剿共办事处"的。他们远远就喊:"站住!"翁吉想急中生智,背过脸,把密信的小纸条塞进嘴里,嚼一嚼,强咽下去。

敌人走到跟前,问:"去哪里?干什么?"

翁吉想回答说:"外婆生病,去看一看!"

敌人中有个反动保长,名叫施润轩。他认得翁吉想是郑海啸的外甥,就说:"来得正好!我们正在找'土匪头子'郑海啸,你快讲出你的舅舅在哪里?"

翁吉想说:"外婆生病,他都没有回家看看,我也要找他。"

敌人听说翁吉想是郑海啸的外甥,如临大敌,马上搜查他。浑身上下都搜遍了,却没有发现任何可疑的东西。敌人不甘心,威胁说:"你不老实,让你坐老虎凳!"

翁吉想说:"不知道就是不知道,你们不要欺负老实人。"

敌人把他抓到设在水头的国民党北港区区署囚禁起来,

---

〔1〕 翁仁笋,1949年出生,凤卧马头岗人,中共党员,曾任马头岗村党支部书记。

动用大刑，审问了好几次，始终得不到有用的口供。经过二十多天的折磨，翁吉想被打成重伤，全身溃烂，生命奄奄一息。党组织通过关系，多方营救，最后，花了不少钱，家人才以治病为由，把他保释出狱。

翁吉想出狱时，刚好当地有个青年亡故，党组织认为可以利用这个机会李代桃僵，瞒天过海。于是，就安排翁吉想家人散布翁吉想因伤重医治无效而亡的消息。他的母亲和兄弟假装十分悲痛的样子，整日啼哭。就这样骗过敌人，使他们不再来纠缠。

从此以后，翁吉想的名字就不再使用，改名为翁吉周。在中共浙江省第一次代表大会召开之前，翁吉周积极组织借用会场，帮助采购物品，会议期间参加站岗放哨，保卫会议顺利进行。

用性命保兄弟

翁仁德

1942 年 10 月，翁吉忠在联络革命工作时被捕，经党组织营救，四个月后才出狱。出狱后，他在老家无法再住了，党组织让他脱产干革命，跟随中共平阳县委书记郑海啸打游击。

1947 年 6 月，翁吉忠回到老家马头岗活动，被敌人觉察。一天凌晨，太阳尚未出山，山岚浓重，鸡不叫、鸟不鸣，只听得院子里小狗在狂吠。原来是叛徒赖娘钦带领国民党水头区便衣队摸到翁吉忠老家外。此时，翁吉忠和弟弟翁吉交〔1〕刚刚起床，听到狗吠声，觉得情况异常，翁吉交对哥哥说："你从屋后上山，我去看看。"

翁吉忠家后面就是大山，只要走几步，就可以隐入树林中。他刚要出走，敌人已经到了家门口，大喊："翁吉忠，快出来！"翁吉交打开前门，挺身而出，迎上前去，说："大清早，干什么？"

两个便衣队队员立即上前反扣翁吉交双臂，问："你是翁吉忠？"

"是翁吉忠怎么样？我就是翁吉忠！"翁吉交既调侃又坚定地回答。

叛徒赖娘钦走近翁吉交，看了又看，说："没错，他就是翁

---

〔1〕 翁吉交(1920—2011)，凤卧马头岗革命老人翁浩统三子，党的地下交通员。

吉忠。"于是,便衣队如狼似虎地把翁吉交捆绑起来。

原来,翁吉交与哥哥翁吉忠长得很相似,都是中等身材,身板厚实,面庞呈长方形,五官相貌差不多。天色朦胧,雾里看人,一般人确实很难分清他是翁吉忠还是翁吉交。

趁着翁吉交与敌人周旋的瞬间,在浓雾的掩护下,翁吉忠迅速从后门上了山。

翁吉交母亲郑氏见儿子被捕,撕心裂肺地喊叫:"他是吉交,不是吉忠!抓错人啦!皇天!你们怎么有眼无珠啊……"

便衣队队员面面相觑,怀疑抓错了人。叛徒赖娘钦却肯定地说:"老太婆在骗人,别理她。我和吉忠共过事,磨成灰也认得。"

翁吉交对母亲说:"他们说我是吉忠,我就是吉忠。你不要害怕。"

敌人是宁可冤枉千人也不放过一个可疑的。他们不管三七二十一,抓了人再说。

翁吉交被押到设在水头的北港区区署后,敌人才知道受骗了。他们气急败坏地毒打翁吉交,审问他:"为什么假冒翁吉忠?"

翁吉交回答说:"我和哥哥吉忠长得像双胞胎,地方上的人叫我吉交,我当然应答,叫我吉忠,我也应答。不将错就错,会使人尴尬。"

受到愚弄的敌人恼羞成怒,采用十指插针的酷刑对翁吉交进行拷问,要他交代翁吉忠的去向。

翁吉交说:"这几年,我哥吉忠来无影去无踪,我一家人都不知道他去了哪里。"任凭敌人如何拷打折磨,他始终说不知道。

地方上的人知道便衣队抓错了人，联名要求保释翁吉交。敌人把翁吉交关了几十天，无法从翁吉交身上得到任何有用的消息，迫于群众的压力，只得让他保释出狱。

群众赞扬道："翁吉交以性命保兄弟。兄弟是手足，孝悌传家为根本。"

党组织评价说："翁吉交掩护翁吉忠脱身，是大智大勇！"

誓死保枪支

黄兆清[1]

1936 年冬,红军挺进师在一次战斗中,缴获许多武器,一时无法全部带走。刘英、龙跃、郑海啸决定,把一部分武器暂时留在马头岗,由翁吉忠和黄文拱负责掩藏。翁吉忠和黄文拱两人接受任务后,把枪支包扎好,悄悄地埋在山坡一处厂棚的水泥灰堆里。不久,在龙潭背遭遇战中,队伍里有个外号叫"烂冬瓜"的被俘。他经不起敌人的严刑拷打,供出马头岗黄文拱藏枪一事。

黄文拱只有 20 多岁,身材瘦小,看起来有点孱弱,是马头岗出名的老实人。敌人却视他如洪水猛兽,派出 20 多个全副武装的士兵来抓捕。这天中午,天阴沉沉的,寒风中松树晃动,衰草瑟瑟。国民党兵包围黄文拱家,吆喝着进行搜查。他们掀翻院子里的柴堆,拆散叠放的稻草垛,砸开箱柜,掏空床下,前前后后、里里外外都搜了个遍,没有一点结果。于是,他们把黄文拱摁倒在地上,逼迫他讲出藏枪的地点。

黄文拱知道:如果承认藏枪,会招致死罪;如果交出枪支,敌人也不会放过自己。反正都是死,背叛革命的事绝对不能做。"我没有做过这件事,也不知道这件事。"黄文拱一口加以否认,并说这是有人无中生有,在诬陷他。

---

[1] 黄兆清,黄文拱孙子。

　　黄文拱妻子长得人高马大，嗓音响亮。敌人逼问她时，她就大喊大骂："千刀剐的，没良心乱咬人……冤枉呀，皇天啊，冤枉呀！……"一时间，敌人的行径和黄文拱妻子的叫骂声引来左邻右舍许多人。屋子里外站满村里的人，他们都为黄文拱一家辩解，说："里外都搜过啦，哪来什么枪支？""文拱连杀鸡都不敢，怎么会做杀头的事，你们不要冤枉老实人！"

　　敌人不甘心，抓走黄文拱夫妇，押到腾蛟乡公所的据点。黄文拱被捕期间，党组织委托他在腾蛟的亲戚送牢饭，传话说："这几天他家的'鸡鸭'有人照看，不要为这小事挂心。"暗示他东西转移了，黄文拱明白话意，他的心宽了，以更加坚定的态度应对敌人。任凭敌人软硬兼施，黄文拱夫妇坚强不屈，拒不承认。

　　过了几天，敌人又派兵到马头岗黄文拱家再次搜查，他们撬开地板，掘地三尺，终无所获，只得悻悻地走了。

　　黄文拱夫妇在腾蛟被羁押拷问了十多天，敌人因查无实据，又无口供，最后只得将他们释放回家。

郑志拗藏枪支

郑学松

1937 年 4 月的上旬,刘正发带领红军战士打了胜仗,缴获许多枪支和弹药,需要休整几天。中共平阳县委书记郑海啸安排刘正发和几个战士住在马头岗大崎脚的郑志拗家。

郑海啸介绍说:"郑志拗是个老实巴交的种田人。不多说话,干事很实在。"在几天里红军战士听不到他的讲话声,只见他勤快地挑水、劈柴,默默地掏出自家的番薯丝,拔出菜园里的青菜,供大家食用。除了干活,他会在自家周围巡视、放哨。他听同志讲革命的道理,只是点点头,抿着嘴"嘿嘿"地应答。战士们开玩笑说:"真是一个闷葫芦。"

一天清早,天刚蒙蒙亮,战士们还未起床,郑志拗就动身到户外巡看。忽然,他发现山下不远处,影影绰绰有几个人朝他家方向移动。他立刻回身到屋子里,叫醒刘正发:"便衣队来了!"这时,站岗的战士也跑来报告情况。郑志拗毫不犹豫开口:"快跑! 我去对付。"刘正发命令战士各带上长短的两支枪,从后山撤退。匆忙中,还有三支长枪和两箱弹药放在柴仓里背不走。刘正发对郑志拗说:"你快把它藏到别处。"郑志拗说:"好。"

他迅速把屋内清理了一下,然后左肩背上三支步枪,右肩扛上两箱弹药,朝自家的泥灰场跑去。他扒开泥灰把枪支和弹药埋了,然后赶紧跑到自家的菜园。动作真是快而有序。

这时,山门乡便衣队队长郑子奇带着便衣队到了郑志拗家门前的菜园,吆喝道:"干什么?"

"拔葱。"郑志拗镇定回答。"大清早拔葱干吗?"

"感冒了,吃热葱头粉干汤〔1〕流汗。"郑志拗瓮声瓮气地说,装着伤风感冒后鼻子不通的样子。

"红军呢?"

"不知道。"郑志拗回答,不再多说一个字。

郑子奇下令:"搜!"便衣队进屋搜了个遍,没有找到一点蛛丝马迹。于是,郑子奇只得带喽啰走了。

过了几天,刘正发带领队伍又来了。他拉着郑志拗的手,说:"多亏你帮助,想不到老实人干了大实事!"郑志拗咧着嘴"嘿嘿"地笑。

---

〔1〕 热葱头粉干汤是当地人流传下来的治感冒的一种方法。

翁吉居[1]全家被捕

翁迪雄[2]

　　1936年,翁吉居离别亲人参加县武工队,他的家也就成了革命同志的落脚点。

　　1937年春的一个晚上,翁吉居秘密回到马头岗家中,并带来6个武工队队员,其中有廖义融(外号阿三)队长,还有一个土名叫"老狸子"的队员,身上有枪伤,行动不便。因为家里有革命同志,当夜他不敢安睡,不时起床听动静,到房子周围巡察。拂晓前,他透过窗户往外看,星光下,隐隐约约发现有一队人向他家走来。他立刻叫同志们起床,一起迅速地钻进屋后山坡的树林里。

　　一会儿,那队人包围了翁吉居家。他们是国民党北港区的便衣队,有十几个人。

　　同志们撤走很仓促,他们睡过的被子来不及搬掉。搜查时,便衣队发现被窝里还是暖和的。于是,凶恶地问翁吉居的妻子林瑞香,说:"人呢?"

　　林瑞香知道瞒不过去,坦然地说:"他们早走了。"

　　"去哪里?"

　　"他们没有说,我不知道。你们可以去搜查。"

────────

〔1〕 翁吉居(1909—1943),凤卧马头岗人,1936年入伍,1943年5月牺牲,革命烈士。

〔2〕 翁迪雄,1963年出生,凤卧马头岗人,翁吉居烈士孙子。

便衣队怀疑武工队的人就躲在附近的山林里,却不敢去搜查。因为这时天色朦胧,走进山林无疑会吃大亏。

"你家'通匪',知罪吗?"

"他们有枪,我敢不让住吗?"林瑞香为自己辩解。

抓不到武工队的人,就抓窝藏武工队的人。天一亮,便衣队把翁吉居的老母亲、妻子林瑞香、大哥翁吉廖、弟弟翁吉茂和翁吉住一家人都抓走了。

翁吉居的几个亲人被关在水头的北港区区署里。敌人妄图以他们为人质,逼迫翁吉居出来自首,放言说只要交出翁吉居,就放他们出去。

妻子林瑞香被关押40多天,有八个月的身孕,快要分娩了。党组织通过关系,胁迫山门的反动头子胡仲廉出面,暂时保释其回家。林瑞香回家后,敌人一次又一次来威胁,说:"你的丈夫不回来,就杀掉你的全家!"

翁吉居全家被捕,在牢中受尽折磨。这没有使他屈服,他化仇恨为力量,更加勇敢地投入对敌斗争。他的母亲和兄弟,一直被关到1937年下半年浙江省国共两党合作抗日谈判成功时才放回来。

1939年7月,中共浙江省第一次代表大会召开前夕,翁吉居回到马头岗家中,在廖义融队长的带领下,筹备党代会的保卫工作。党代会期间,他家成为大会保卫组人员的住处。他的兄弟为大会站岗放哨、筹办伙食,母亲和妻子为大会挑水、打柴、煮饭。

1943年5月,翁吉居在文成县一次打击国民党顽军的战斗中牺牲。

"红军洞"的由来

翁吉忠

1937年春,国民党反动派在平阳北港地区进行大规模的"扫荡"。一天下午,阴云密布,正在酝酿一场大雨。龙跃、张文碧、傅狂波[1]、郑海啸等同志在山门乡小池村被敌人包围。他们决定分两路突围,一路去山门大屯,一路去马头岗。

大屯村群众看到郑海啸和傅狂波在奔跑,在山坡下大声喊道:"志权哥(即郑海啸),出了什么事? 快跑到这边来!"郑海啸和傅狂波闻声,跑到洞底。在群众的掩护下,避过了敌人的尾追。

另一路,是张文碧、龙跃两个人。在分散突围时,郑海啸嘱咐他们去马头岗找翁吉忠。两人奔跑了七八里路,来到马头岗山坡上,正考虑如何进村时,发现翁吉忠在自家屋边番薯园干活。张文碧跑到翁吉忠身旁,低声说:"阿忠,我们被敌人追了,你赶快想办法。"翁吉忠被突如其来的情况惊呆了,一时想不出办法。这时,翁吉忠的父亲翁浩统在屋子里听到说话声,马上跑了出来,说:"先进屋再说!"进屋前,张文碧把屋子前后地形看了一遍,然后对翁吉忠说:"你和两个弟弟拉开距离放哨,观察有没有尾追的敌人。"又对翁浩统说:

---

〔1〕 傅狂波(1908—1954),四川华阳人。1929年加入中国共产党。曾任浙南红军游击队大队长、新四军团长、第三野战军特种兵纵队特科学校教育长、志愿军炮七师副师长等职。

"大伯,多亏你一家相救。我在这里先谢过了。接下来,还要请你把我们两个人转移到安全的地方。"翁浩统说:"都是自己人,不必感谢,我已经为你们想了一个好去处。先歇歇脚,喝口水,我再带你们去。"

张文碧和龙跃休息了一会,刚刚缓过气,春雨就"哗哗"地倒下来。翁吉忠三兄弟先后回来报告说,没有发现尾追而来的敌人。张文碧说:"小心不出事,还是早去隐蔽的地方。大伯,请你带我们走。"

马头岗是一个小山村,处在海拔 300 多米的大坪山的山腰间,附近有一些大大小小的岩洞,比较大的有两个,一个叫虎洞,一个叫猪洞。岩洞下临峡谷,洞口与东北边的冠尖山遥遥相对,中间是两里多宽的峡谷。这两个岩洞,冷冷清清地藏在深山峡谷之中,原先可能有野兽出没。

冒着大雨,翁浩统带领张文碧和龙跃从马头岗翁氏九间平屋后面一道山梁向东北的丛林中穿行数百米,便找到虎洞。虎洞周围杉松参差,草木茂密,地形险峻,没有路径,过去即使是放羊打柴的人也不会光顾。

钻进松杉林,穿过灌木丛,拨开杂草,进入一个藤蔓遮掩的山洞。虎洞的洞口狭小,拨开杂草和灌木,人只能猫腰进去。洞里比较开阔,地面平坦,可供四五个人自如地活动。这时,他们浑身上下都淋湿了,衣服都拧得出水,冷得发抖。

山洞太潮湿,霉气很重。翁浩统说:"这个山洞没有人知道,你们安心住下。山洞里很冷,等一会儿,我叫孩子送饭时,抱来稻草和棉被。"

天黑时,翁吉忠给张文碧和龙跃送来番薯饭和一床棉被,又为他们铺上稻草。翁吉忠知道张文碧会抽烟,还特地带来一包烟丝和一杆竹旱烟筒。

张文碧笑着说:"阿忠想得真周到,把旱烟都带来了。"龙跃打趣地说:"这里有吃的又有盖的,赛过神仙生活。"又问:"这个洞有名称吗?"翁吉忠说:"偏僻山洞,人不到,当地人就随便取了一个名,叫虎洞。"张文碧想了一想,说:"我们就叫它'红军洞'吧!"翁吉忠和龙跃都说名字起得好,将来革命胜利了,可以在洞前竖个牌,让后代不要忘记它的作用。环境虽艰苦,但他们充满革命乐观主义精神。

龙跃喜欢对对子,在洞中戏吟藏头联:"虎口一生多艰难,洞中数日胜神仙。"后来,他们两人都成为党的高级干部,一个是解放军少将,一个是地委书记。

第三天,郑海啸在大屯派交通员郑永敬来马头岗查询张文碧和龙跃下落,知道翁浩统一家已经把他们妥当安顿了,就把一封密信交给翁吉忠,让他转给张文碧和龙跃。原来是郑海啸通知他们立即转移到腾蛟乡吴小垟地方。

张文碧和龙跃安全转移了,翁浩统却病了。他被春雨淋湿后,身体发热不退,挨过一年,于 1938 年 11 月 5 日不幸病逝。

陈平和郑丹甫改名

卢立新

1939 年 7 月下旬,中共浙南特委委员兼宣传部部长陈平和台属特委书记郑丹甫出席在平阳县凤卧乡冠尖和马头岗召开的中共浙江省第一次代表大会。郑丹甫当选为中共浙江省委委员和浙江省出席中共七大的代表。

陈平和郑丹甫的个子都不高,长得敦实强壮,虽然都是知识分子,但是表面上看倒像农民。如果夹在人群中,一般人很难分辨出他们是老实巴交的农民,还是曾经多年从事革命斗争的干部。

两人都很随和,没有架子,善于做群众工作。在马头岗一带活动期间,与村民打成一片,深得群众喜爱。当地群众说:"你们就做我们马头岗人吧! 改姓翁,学会我们这里的话。"他们说:"好啊,我们向大家学习闽南话,当个地道的马头岗人。"他们讲到做到,在短短的时间里,他们边做工作,边学当地话,闽南话说得八九不离十。

中共浙江省第一次代表大会召开后,为了活动方便,组织上让陈平和郑丹甫改名,这事交翁吉忠办理。翁吉忠去找吴潭桥党支部书记翁吉星(当时翁吉星的公开身份是当地的保长),让他开出路条证明。路条上陈平改名翁仁松,郑丹甫改名翁仁森,都是马头岗村人。

1939 年 12 月中旬,陈平和郑丹甫在凤卧马头岗参加浙南特委会议后，一起出发到各地去贯彻会议精神。12月24日（农历十一月十四日），按说应是月亮高悬，夜色澄明。但这天下雨，夜色漆黑。两人走到水头街和詹家埠之间的寺前地方，发现便衣队正在路上设卡盘查。两人进退不得，于是假装在路旁小便，把随身带的文件踩入烂水田里，然后走近敌人。他们路遇的是国民党北港区刑警队，这是一班穷凶极恶的警犬。

"干什么的？"

"做生意。"

"哪里人？"

"凤卧人。"两人拿出路条。

刑警队便衣打量眼前这两个商人打扮的年轻人，老老实实的，觉得没有什么破绽。又抓过两人的手，摸摸手掌，感觉是软软的，没有手茧，不像拿锄头的农民，也不像拿枪的军人，说是商人倒也像。

刑警队并未就此罢休，又继续盘问，最终发觉两人的口音不纯正而起了疑心，就把两人带到北港区区署审问。经过一番核查，知道两人路条上的身份是编造的，于是把两人转送平阳县监狱。

被捕期间，两人编造自己的籍贯和姓名，陈平化名陈一光，郑丹甫化名翁元生。只说为了方便在水头一带经商，花钱买来路条证明，始终不暴露真实身份。在当时的条件下，国民党也一时无法查询清楚，就把两人当成嫌疑犯加以关押。1940年9月14日，陈平被押解到江西上饶集中营后囚于周田监狱，郑丹甫被押解至上饶集中营茅家岭监狱。

1941 年 10 月 16 日,郑丹甫越狱成功。

郑丹甫回到浙南革命队伍时,刘英题词称赞:"离乡舍爱赴疆场,七载征尘撼华邦。偷生弹雨息囹狱,壮志不屈实堪扬。"

1942 年 6 月 17 日,陈平参加赤石暴动,也成功逃出魔窟。

龙跃与翁浩传巧对句

翁仁笋

1938年，龙跃为中共浙江省委委员兼浙南特委书记，有段时间经常到马头岗，住在翁浩贵家。当时，翁浩贵和他的弟弟翁浩礼以及堂弟翁浩访都是地下党员，负责掩护龙跃和特委机关。

翁浩传与翁浩贵是同宗兄弟，又是住得很近的邻居，有事无事，他常常到翁浩贵家串门，于是与龙跃同志相识了。

翁浩传三十来岁，身材中等，宽额，皮肤黝黑，双眼皮，两眼一闪一闪的，透出灵气，一看就知道是个精明的人。他读过几年私塾，有些文化，喜欢看古书、猜字谜、对对子，既好客又健谈。

龙跃少年时曾读过中学，十八岁参加革命，转战各地，口才好，说话有鼓动性。平时很注意了解民情，重视调查研究。他虽然还不到30岁，但是见多识广。

平时，他遇上健谈的翁浩传，边喝茶、抽旱烟，边闲聊，天文地理、古今大事、地方掌故、村事家务无所不谈，交流起来，有说不尽的话，常常是忘了吃饭和睡觉时间。

1938年夏天的一个晚上，龙跃与翁浩传等人坐在翁浩贵屋前小院里纳凉。山林寂寂，和风徐来，长空无云，星星闪烁。翁浩贵仰望星空，问龙跃："首长，小孩子念'天上一颗星，地上一个丁'，有应验吗？"

龙跃说:"天上星星数不尽,比凡间的人丁不知多多少倍。不过,这个童谣像对子,倒对得工整。"

他说罢,沉吟了一会,对大家说:"这让我想起一联未对好的对子。现在请大家凑个下联。"

有人说:"在座的只有浩传读过书,就叫他来对吧!"

"也是,我怎么忘了他这个'百事通'。"龙跃说,"翁大哥,平阳县一些地名很有趣,我想了一条地名的上联,一时想不出下联。请你帮助我对出下联,好不好?"

翁浩传说:"你把上联讲出来,让我试试看。"

龙跃说:"听好啦,我的上联是'龙头龙尾龙潭坝'。"

上联中的龙尾就是腾蛟区的龙尾乡,龙头和龙潭坝是龙尾乡的两个村名,乡名嵌在该乡两个村名之间。这个上联要求对出有关地名的下联。

翁浩传喝了一口茶,说:"上联出得好。我对的下联是'凤林凤卧凤卧湾'。你看行不行?"

下联中的凤卧是指水头区的凤卧乡,凤林和凤卧湾是凤卧乡的两个村名,乡名也嵌在该乡两个村名之间。

龙跃听了拍手大笑,说:"聪明,厉害! 龙乡对凤乡,有对头,两个龙村对两个凤村,都是一乡挑两村,也很工整、恰当有趣。"在场的人听了他的解释,恍然大悟,都认为上联出得好,下联也对得妙。

翁浩传不好意思地说:"首长,我是瞎猫碰上死老鼠——凑巧。没想到你对平阳的地名这么熟悉,佩服! 佩服!"

不久,龙跃与翁浩传对句一事就一传十、十传百,流传开来。

郑海啸结善缘

翁仁德

1938 年 3 月 18 日，粟裕率领主力部队开赴抗日前线。出发当天，中共瑞（安）平（阳）县委在吴潭桥水尾宫举行欢送大会，郑海啸代表瑞平县委和群众致欢送词。为开好欢送会，郑海啸等人几天来日夜奔忙，实在是太疲劳了。会后，郑海啸、黄先河等人决定到吴潭桥天化寺吃顿饭，歇息片刻。

说起天化寺，郑海啸与它的住持云松和尚有一段缘分。早在几年前，郑海啸带领凤卧乡农民赤卫队推行"二五减租"，郑海啸认为，天化寺几个出家人主要靠出租几亩薄田收入生活，与一般地主不同。为不影响"二五减租"运动，决定减租所损失部分由乡公田收入补偿。因此，天化寺住持云松和尚与郑海啸结下善缘，主动为革命活动提供方便。

来到天化寺，还未坐定，住持云松和尚就匆匆赶来，头上流汗，双手合十，急切地说："阿弥陀佛，施主来得不巧，刚刚出现怪异事……"

郑海啸问："到底出了什么事，让师父这般惊慌？慢慢讲来。"

云松和尚喘了口气，说："刚才发现佛座位有……有一条青龙盘绕……"

"什么叫青龙？"黄先河问道。

"青龙就是青蛇，青龙出现——"云松和尚解释说。

"春天到了,蛇类出来很平常,不必惊慌。"

"不,不,按我们讲法,佛座出现青龙,是主凶,不得不防。我们出家人生死度外,无所谓,只怕你们俗家弟子有危险,还是避一避为好……"

郑海啸想到,现在虽然是国共合作、共同抗日,但是国民党顽固派势力仍然十分嚣张,党的主力部队开拔后,敌人必然伺机反扑,危险无处不在,必须百倍提高警惕;云松和尚劝诫同志们回避"诡异现象",是出于好心,我们要尊重佛家的意见,不可违背他们的禁忌。郑海啸爽朗地说:"既然云松住持这么说,避一避也无妨。放心吧,我们就先走啦,以后再来。"于是,顾不上吃饭和休息,立刻告别云松和尚,带领同志离开天化寺。

"众施主路上小心!阿弥陀佛!"他们离开不久,国民党顽固派的保安队到天化寺搜查,结果扑了个空。

离开天化寺,郑海啸等人到马头岗翁吉忠家隐蔽。随后,云松和尚又派徒弟林华德赶到马头岗翁吉忠家,说共产党大部队刚走,马头岗离伪凤卧乡政府太近,不安全。于是,郑海啸他们又转移了。

从此跟定共产党

翁仁瑜[1]

　　1939年7月下旬,中共浙江省第一次代表大会在平阳冠尖和马头岗召开。其间,中共平阳县委机关驻地设在翁吉体家。翁吉体家与邻居共有五间平房,坐落在马头岗山腰的坎下,周围林木茂密,处所十分隐蔽。中共平阳县委书记郑海啸把县委机关设在这里,是经过周密考虑的。这里距离马头岗会场和刘英同志办公地点不到两百米,与省党代会和刘英同志的联系很方便。另外,翁吉体一家人政治上可靠,安全有保障。

　　翁吉体读过书,有文化,是村里数一数二的"文人"。他通晓天文地理,了解地方风俗,懂得人情世故,又是一个热心肠的人。村里红白喜事少不了他的帮忙,请他写字、代笔,他都乐呵呵地照办,虽然家境贫寒,但是不收人家分文。

　　翁吉体有两兄弟两姐妹,都拥护共产党。哥哥翁吉豺为人忠直、豪爽,有啥讲啥。妻子廖美梅是个贤妻良母,养育四男四女,任劳任怨,待人和气。与他同住一厝的邻居翁浩岊是中共地下党员。郑海啸向翁吉体提出借住房屋,他回答说:"有朋自远方来,不亦乐乎! 你们为老百姓谋利益,要借住几天,哪有不欢迎的? 来吧,我正要与你请教农民求翻身

---

　　〔1〕 翁仁瑜,1946年出生,凤卧马头岗人。

的办法呢!"郑海啸说:"机会难得,我也要向你求教做人的道理。"

翁吉体对家里人说:"有贵客来住,很体面。记住,一定要把客人当亲人,盛情款待。不出一丝一毫的闪失!"

省党代会召开期间,翁吉体与哥哥、子女一道站岗放哨,全力配合翁浩昌做会议的保卫工作。他的妻子廖美梅每天把屋子打扫得干干净净,还为县委机关的同志烧开水、泡茶、洗衣、洗被单。

翁吉体一发现郑海啸有空闲,就不失时机地找他攀谈,两人摆起"龙门阵",有说不完的话。他询问共产党的主张,打听全国的革命形势,了解穷人怎样才能翻身得解放,等等。郑海啸向他了解民情,讲述共产党的性质、党领导人民闹革命的途径。

省党代会结束了,县委机关要撤离。郑海啸向翁吉体一家道谢,翁吉体拉着郑海啸的手不放,依依不舍地说:"真是'与君一席话,胜读十年书',茅塞顿开,获益匪浅呀!从此我跟定共产党!欢迎你们常来……"

从此以后,翁吉体家就成了平阳地下党和游击队活动的堡垒户。

郑海啸写信吓退国民党乡长

翁时万[1]

1939 年 7 月 21 日至 30 日在冠尖和马头岗村召开中共浙江省第一次代表大会的消息过了半年多才暴露,原因是一个小学生无意说出,去年 7 月中下旬翁吉忠借过凤林小学许多椅子,不知办什么事。

1940 年 3 月间,凤卧乡伪乡长郑达得到消息,当即向上禀报,并主动提出要查明真相。一天中午,他带领便衣队十多人前往马头岗翁吉忠家。

郑达何许人也? 原名郑亦华,三十几岁。原籍凤卧乡凤林村,住凤卧乡中街,有四间临街的瓦房华屋,家道殷实。读了几年书,游手好闲。生的狗头鼠耳,是个头顶生疮、脚底流脓——坏透的人。当上伪乡长后,专干残害百姓的事。

郑达和便衣队的便衣把翁吉忠家所在的九间大屋搜个遍,也没有发现什么异常,就将翁吉忠的四伯父翁浩检[2],叔伯兄弟翁吉谦、翁吉齐[3]等十多人集中到大厅里,并进行拷问。

郑达说:"翁吉忠到哪里去了? 去年什么人在这里开会,

---

[1] 翁时万,1943 年出生,凤卧马头岗人,中共党员,曾任凤卧镇中心校校长。

[2] 翁浩检(1881—1965),凤卧马头岗人,一般群众。

[3] 翁吉谦、翁吉齐,凤卧马头岗人,均为翁吉忠的堂兄弟。

讲什么？……我们乡里乡亲的，讲了就没事。"

大家七嘴八舌地回答：

"你问翁吉忠到哪里去，我们不晓得。"

"什么人、开什么会，我们平头百姓哪知道？"

"你讲什么？问的没头没脑，我们都听糊涂了。"

有的索性装愣卖傻，说："关我什么事，我只知道种地、吃饭、睡觉。"

郑达见众人或是一问三不知，或是答非所问，恼羞成怒，拍着桌子，恶狠狠地说："在我们看来，共产党就是'土匪'，'共匪'在这里开会，这里是'土匪窝'。你们不讲，就是'通匪'，就是'窝匪'。是'匪窝'就得烧掉，是'通匪'就得坐牢。别说我不顾乡亲情面……"

说着，变了脸色，凶相毕露，对翁浩检等人拳打脚踢，并叫便衣队搬来柴枝，准备点火烧房。

这里住着翁浩检兄弟四家二十多口人，要是烧了房子，那是不得了的大事。在场的只有翁浩检是长辈，老实巴交的，见郑达要烧房子，吓坏了。慌忙哀求道："我们不知道什么是'匪窝'，求求你，别烧房子啦！求求你，别烧房子啦！"

"皇天啊，这是没天理呀！房子烧了，叫我们怎么活呀！"妇女们呼叫着、啼哭着。

郑达假惺惺地说："讲出来，讲出来就不用烧啦……"

有人说："你找的当事人翁吉忠，他不在家，事情讲不清楚，房子烧了也没有用。"

郑达想，一时间问不出什么来，逼急了办不好事，这才松口，说道："限你们三天内找到翁吉忠，找不到，房子还得烧！"

放下狠话，郑达一伙这才悻悻而去。

郑达一伙走后，翁浩检等人急忙商量对付办法，一致认为：找来翁吉忠，等于送入虎口，此事绝对不能干！只有找到郑海啸，才有办法解决！

此时，在一旁的翁吉周说："我知道舅舅在什么地方。"因为他是党的地下交通员，他立刻动身，日夜兼程赶赴文成县珊溪坦歧地方，找到平阳县委书记郑海啸。

郑海啸听了报告，沉吟片刻，拿笔写了一封信，叫来通信员交代几句，让翁吉周和通信员吃过午饭马上赶回去。

通信员在凤卧乡中街找到郑达的家，把信当面交了，用温州话说："有个陌生人托我带信给你，让你看着办！"说完就走。

郑达打开信一看，只见信上说："郑达如晤。迩来高就，今非昔比。横行乡里，捏造罪名，嫁祸于人，并欲烧我民房，杀戮无辜。此等无耻之事，天理难容。若胆敢倒行逆施，必加倍奉还，毁你华屋，杀你全家，勿谓言之不预也。知名不具，即日。"

郑达看罢信，顿时吓呆了，说不出话来，大汗淋漓，犹如身体被放在火上烤，犹如脑袋被人提着，随时有被掐断的可能。

因此，他扬言调查在马头岗村召开党代会的事不了了之，烧屋的事也不了了之。

越狱回马头岗

翁仁德

1942 年 6 月的一个夜晚，郑一平摸黑从凤林来到马头岗。他在姑妈门外轻声叫唤："姑妈，姑妈！是我，快开门！"听到门外那既熟悉又有点陌生的叫门声，姑妈郑氏不敢相信这是内侄郑一平在叫她。听了一阵，她才急忙起床叫儿子翁吉忠开了门。

"啊，一平，想不到是你！你什么时候从牢间出来？"姑妈端着菜油灯，仔细打量眼前的侄子。只见他衣衫破烂，形容枯槁，瘦得皮包骨。这是一个刚 15 岁的孩子呀，小小年纪不知遭了多少罪，看了心酸得眼泪哗哗而下。

一平从小就干革命。12 岁时，在中共浙江省第一次代表大会的闭幕式上，他代表凤林小学学生致辞。那以后，国民党顽固派疯狂"清剿"。他是中共平阳县委书记郑海啸的儿子，已不可能再在家乡读书了。1941 年 6 月，他离开凤林参加游击队。开始是在中共平阳县委机关，以后跟从中共浙南特委委员吴毓，1941 年 10 月省委书记刘英调他去驻在温州的省委机关工作。1942 年 2 月 8 日夜，与刘英一起被捕。现在，想不到他竟能出狱回来，姑妈郑氏真是又惊又喜。

一平向姑妈讲述脱险回家的经过后，说："姑妈，我家被烧光了，妈妈被打死，姐姐明德还在牢里，敌人又在搜捕我，我在老家待不住，要去找爸爸。"

姑妈郑氏说:"你先在我这里住下,好好调养身体,再想办法。"郑氏一边支使儿子吉忠、吉周、吉团出门看风放哨,一边为一平烧饭菜。一平到了姑妈的家,多日来悬着的心放了下来,觉得既安全又温暖。吃着姑妈烧的饭菜,一平感觉这是在享受最美味的东西。

为了安全和保密,郑氏叫儿子吉周送一平去后山山洞里住下,白天安排一平的表兄翁吉团送饭。过了三四天,郑氏一家打听不到一平父亲的下落,只听说他可能在福建活动,为此愁肠百结。一平急于寻找父亲和游击队,也为了不连累姑妈一家,决定早点离开。

姑妈郑氏懂得一平的心思,不再挽留。离别之际,郑氏让一平痛痛快快洗了个澡,拿出儿子吉团的衣服让他换上,吃顿饱饭,送给他路费,再三叮嘱道:"一平啊,找不到你父亲和队伍,一定要再回来,有你姑妈在,就有你的活路。你年纪还小,路上要格外小心。"

一平听了,泪下如雨,抱着姑妈,说:"姑妈,你放心,一时找不到爸爸,我就去找新四军。走遍天涯海角,我也要找到自己的队伍。"

郑氏说:"天无绝人之路。你是有志气的孩子,姑妈支持你,相信你!"

在一个下着暴雨的早上,郑氏让儿子翁吉周护送郑一平上路。在雨雾中,两人选择偏僻小路,深一脚、浅一脚地行走。分手时,吉周望着远去的一平身影,直至看不清,才转身回家。

革命钱财不能丢

翁仁密[1]

1943 年 2 月,翁吉忠被捕出狱后,党组织让他离开马头岗脱产干革命,跟随中共平阳县委书记郑海啸打游击。当年,翁吉忠 29 岁,刚参加游击队时虽然缺乏武装斗争的经验,但是他为人忠厚老实,大公无私,工作积极肯干。郑海啸信任他,有一段时间让他管理游击队的经费。

游击队的经费不多,但这是游击队活动的生命钱。郑海啸说:"阿忠,经费是同志们用生命换来的,一定要保管好。"翁吉忠说:"舅舅,你放心,人在经费在!"他把携带的经费看成自己生命中不可分割的一部分。

翁吉忠保管钱可以说费尽心机。为防止钱被雨水浸湿,他用油纸包扎纸币;为携带方便,他特制一条腰褡裢来藏钱包。行军打仗时,翁吉忠肩膀扛枪,腰上绑着装钱的布褡裢;宿营睡觉时,他解下腰上钱褡裢,把它垫在头下当枕头。他文化程度不高,担心经费出入发生差错,一有空闲,就反复清点经费,仔细核对记录。有一次,一位同志开了领条却少领去一块钱。翁吉忠在盘点账目时,发现自己保管的现金与账面不相符,于是他翻来覆去查了好几遍。本来,他可以把多出来的一块钱据为己有,不必去深究。但是他不原谅自己的

---

〔1〕 翁仁密,1942 年出生,凤卧马头岗人,中共党员,曾任平阳县劳动局副局长。

差错，更不想占这个便宜，就仔细地回忆每一笔钱的来龙去脉，最后还是想起来了。他赶忙把少付的一块钱送还同志，并作了检讨。

郑海啸等领导同志经常检查翁吉忠保管钱财的情况。收入多少，支出多少，留存多少，翁吉忠都能一一如实摆出，做到钱与账目相符。每次检查过后，郑海啸总是叮嘱道："阿忠啊，你是倒在银间里睡觉，不要让'银粉'沾上，出门时都要抖抖耳朵。"翁吉忠懂得舅舅郑海啸的话，意思是革命战士要拒腐蚀、永不沾，特别是与钱财打交道的人，不能生私心，不能贪污公家的一分一厘，要做到两袖清风。

有的同志爱开玩笑，说："阿忠，你把钱财当成老婆来疼爱，一天几次摸摸看看。"翁吉忠笑了，说："老婆不在身边不要紧，革命的钱财不能丢！"有的同志问他："敌人抢钱怎么办？"他说："我有武术功夫，两三个人休想近身。实在脱不了身，我就拉响手榴弹。"

有这样忠勇的同志保管钱财，领导和同志们都放心。

马头岗上炮声隆

翁仁夫

1948年11月,中国人民解放军浙南游击纵队成立,配合解放战争进行战略大反攻,摧枯拉朽地清扫境内国民党反动派的军事力量。

在中共浙南地委的领导下,各地民兵组织蓬勃发展。熬过漫漫长夜、迫切要求翻身的马头岗人民,终于盼到扬眉吐气的日子。他们积极参加民兵队伍,拿起梭镖、长矛、土枪,投入人民战争。

没有洋枪洋炮,怎样有效地打击武装到牙齿的敌人、保卫家乡呢? 马头岗民兵想出了一个土办法——自己动手做"大炮"。

他们从山上砍下大松树,锯下约两米长的一段,掏空一头的内心,外面包上几箍粗铁皮,捆扎粗铁丝,里面混装土制的火药、小石头、铁砂子、废铁钉等。他们称这种"大炮"为"松树杠"。使用时,瞄准目标,点燃引线,炮手赶快躲开,一会儿,"松树杠"就会发出震天动地的响声,把两百米以内的目标打得稀巴烂。

马头岗民兵把"松树杠"安装在村口的山岗上,随时迎击来犯的敌人。凤卧乡各村民兵纷纷仿制,一共做了七八门"松树杠"。驻扎在水头镇的国民党保安团听说马头岗等地有威力无比的"大炮",吓得不敢到凤卧乡"清剿"。

　　1949年5月，马头岗民兵的"松树杠"大显神通的机会终于来了。5月14日，李延年兵团残部上万人南逃去福建，经过凤卧乡。在党组织和浙南游击纵队的统一指挥下，已经起义的浙江保安六团受命在水头北面山上布防，凤卧乡的马头岗等村民兵500多人，在山头上插红旗、放冷枪，点燃"松树杠"轰击敌人。一时间，炮声此起彼伏，如雷贯耳，地动山摇。如同惊弓之鸟的敌军，蒙了！"哪来的大炮？比加农炮还响百倍。"因此，他们不敢滞留，更不敢进入村庄抢掠，就慌慌张张地翻山越岭朝福建方向鼠窜。上级对马头岗民兵的表现很满意，表扬说："马头岗民兵面对强敌不畏惧，又用'松树杠'打出了威风！"

　　后来，群众用闽南话把民兵的斗争和"松树杠"的作用编成民谣，广为传唱。民谣是这样唱的："铃，铃啰铃，老海同志带民兵。民兵不怕死，石头当枪子。枪子密密嘟，嘟到水头区。水头未解放，松树当大炮。大炮一声响，水头全解放。"

　　这首民谣歌颂了党领导的民兵英勇斗争的精神，也称颂了"松树杠"的威力。

革命情谊永不忘

翁仁德

1939 年 7 月下旬,陈平参加中共浙江省第一次代表大会后,在马头岗工作了一段时间。这年 12 月 24 日,他与郑丹甫从凤卧出发,要到各地去贯彻浙南特委会议精神。当晚,不幸在水头与詹家埠之间的寺前地方被敌顽的便衣队逮捕。1941 年 3 月被囚于上饶集中营周田监狱。1942 年 6 月 17 日,参加赤石暴动,脱险后加入闽北游击队。中华人民共和国成立后,历任国务院国防工业办公室一局局长、基建局局长等职。

陈平是一个历经磨难的老党员,又是一个很重革命感情的同志。他念念不忘曾经战斗和工作过的地方,念念不忘曾经生死与共的伙伴。1982 年 10 月,他专程从北京到平阳探望,特地要找翁吉忠叙旧。

陈平要与翁吉忠叙旧,是因为他们之间有着不同寻常的革命情谊。在马头岗那段时间,他参加翁吉忠为党支部书记的支部会,与翁吉忠一起做群众工作,一起劳动,一起睡觉,同一个锅吃饭。他向翁吉忠学习当地的闽南话,翁吉忠向他学习带福建腔的普通话……

两个人亲密得像亲兄弟。为了工作需要和方便,翁吉忠亲自为陈平办理出行的路条,路条上,陈平的姓名写为"翁仁松,马头岗人"。

  "文化大革命"期间,陈平蒙冤落难,被关进"牛棚",长期受审查不得"解放"。翁吉忠接到关于陈平问题的调查函,很是气愤,"怎么可以颠倒黑白,把真的说成假的?"于是,他毫不犹豫地写下实事求是的证明材料,盖上自己的印章,用双挂号信寄出。翁吉忠的证明材料为陈平的历史问题的澄清提供了一份确凿的有力证据。可以说,翁吉忠救了陈平一命,使他得以重新出来工作。其实,那时候翁吉忠自己的处境也很困难,有人要把他打成"浙南叛徒集团"的一员,说他是"假党员,真叛徒"……

  陈平一行来到凤卧乡,已是下午2时。一下车,他就问陪同的县委领导:"翁吉忠好吗?"领导同志告诉他:"翁吉忠离休了,现在身体很好。"他说:"那请你们把他找来,我要会会他。我们已经几十年未见面,我太想念他啦!"急切之情溢于言表。于是,乡政府的同志马上派人去通知翁吉忠。下午4时,翁吉忠才接到通知,赶到乡政府时已经是下午5时。这时,陈平已经随县委领导回平阳县城。翁吉忠焦急万分,连声叹息。

  第二天,陈平要去温州。没有见到翁吉忠,他感到十分遗憾。临行前,他写了一张条子,交代同去平阳县城的凤卧乡党委书记陆国本,说:"请你尽快告诉翁吉忠同志,请他务必到温州市柴桥巷招待所来会面。至切! 至切!"当天,翁吉忠接到条子,马上去温州,当晚找到陈平。

  陈平和翁吉忠分别43年了,见面时紧紧地拥抱在一起,真是悲喜交加,千言万语无从说起。忆昔抚今,感慨良多,两位老人畅谈了四个多钟头,仍是意犹未尽。那晚,两人又像当年那样睡在一个房间,但久久不能入眠……

永不褪色的党员

郑立于

在人民公社时期,翁吉多[1]担任马头岗生产队的会计。早在1937年,他就参加党的地下革命活动,从宣传抗日到抗租反霸。中华人民共和国成立后,从组织互助组到人民公社,他一直勤勤恳恳地工作,是一名忠心耿耿的老共产党员。

让他担任生产队的会计却是"赶鸭子上架"。他只读过两三年书,识字不多,也不会打算盘,更不用说管账目了。村党支部找来找去找不到一个适合的人当会计,于是就想到了翁吉多。这是党支部的任务、群众的委托,翁吉多硬着头皮走马上任了。

他想,过去打敌人有困难,现在搞建设也有困难,现在的困难与过去的困难比较,又算得了什么呢?不懂就问,不会就学,一切从头开始,虚心学习使人进步。他经常跑到好几里外的吴潭桥,向会计黄兆坎请教。收支、进出,哪一笔账不会记,就问哪笔账,哪一个项目的账理不清,就问哪一个地方,直到完全弄清楚为止。就这样,他由不懂账到管账,从外行到内行。

他说,理财一定要做到公开透明。他是这样说的,也是这样做的。为了使队里的账目像"豆腐拌葱一样"——一清二白,他把社员的来往账目,如劳动工分、投资、预支、收入分

---

〔1〕 翁吉多(1916—1999),凤卧马头岗人,中共党员,曾任马头岗生产队会计。

配等，及时校对，定时公布。社员有什么疑问，他耐心地予以解答。因此，社员称他是"老实人做老实账"，他们很放心。

他说，当会计不能有私心，要"清如水、明如灯"。他在当会计的几年中，没有擅自预支实物，没有向队里超支过一分钱。他家吃口多，靠自己的勤奋劳动和节俭来解决，从不利用自己的职位多吃多占。他一年中参加劳动时间比一般人多，比别人更节约。他的节俭是很出名的，如穿鞋，白天很少穿，一双布鞋穿了一年还是好好的。对自己是这样，对队里的开支也是这样，泡一包蓝粉当墨水，能用上一年。他说："应该用的不省，可以省的钱不用。"

翁吉多就是这样保持老革命的本色，继承艰苦奋斗的光荣传统，兢兢业业做好本职工作。所以，他成为马头岗群众信得过的人，成为能够永葆革命青春的老党员。

（原载《浙南大众》，1961 年 2 月 2 日）

捐献革命文物为国庆

翁仁密

翁吉忠于 1936 年 12 月入伍、1937 年 7 月入党，是一位革命老同志。中华人民共和国成立后，许多与他一道参加过革命斗争的老同志都已走上党和政府的重要领导岗位，而他仍坚持在凤卧乡工作。

有的同志问他："老翁，人家都是大干部了，你怎么还是一个乡干部？"

翁吉忠说："分工不同，同样是干革命，不能计较职位的高低。"

有的同志开玩笑，说："你不讲穿，不讲吃，家里空空的像穷人。"

翁吉忠说："我哪里还是一个穷光蛋，我是一个大富翁！"同志们对他的话很疑惑，他笑着说："我有一张刘英同志的照片，人家没有我有，我不是富翁吗？"

1937 年 7 月下旬，中共浙江省第一次代表大会在马头岗召开，刘英把自己的照片送给他留念，说："干革命随时有牺牲的可能，我不在了，以后你想到我，就看看照片。"并勉励他积极工作，坚定立场不动摇。

他一直珍藏这张照片，铭记刘英的教诲。在革命最艰难的日子里，他经常拿出刘英的照片，重温刘英的嘱咐；当听到刘英牺牲的消息时，他对着照片号啕大哭，决心化悲痛为力量；当工作遇到困难的时候，他就对着照片默默地思索，汲取努力奋斗的力量……

刘英的照片伴随他将近 20 年,成为他生命中不可估量的精神财富。

翁吉忠永远不会忘记中共浙江省第一次代表大会召开的那段日子。当时,他是马头岗村党支部书记,刘英曾经住在他家,在他的房间里办公。他为大会服务,为刘英站岗放哨。这是他一生中最难忘的日子,最值得怀念的大事。那张刘英用过的办公桌,他一直保存,以寄托他对刘英深切的思念……

还有一本《土地法大纲》,是革命胜利前夕上级发下的。那是一份指导农民翻身得土地的文件,他曾反复学习,认真执行……

家无长物,有此足矣。这怎么不叫翁吉忠感到富有、感到自豪呢?

1958 年 8 月,翁吉忠积极响应为 1959 年国庆十周年献礼的号召,把珍藏的刘英照片、刘英用过的办公桌以及《土地法大纲》等捐献出来,让它们成为历史的见证,成为教育今人和后人的资料。

翁吉忠捐献革命文物后,有关部门给他颁发了纪念证书。

没有人民,
我即使有三头六臂也没有用

翁吉忠

1975年,张文碧同志调任浙江省军区工作。12月的一天上午,我和胞弟翁吉交去拜访他。

张文碧同志看到我们登门,高兴地拉着我们,看了又看,连连说:"难得,难得啊!几十年前的老同志又见面了。"

他对自己在平阳革命斗争的这段历史记忆颇深。他无限感慨地说:"1937年春,我带挺进师一个小分队到平阳县北港活动。当时,斗争形势非常严峻,再加上语言不通、人地生疏,容易暴露身份。如果没有老海(即郑海啸)和老区党员群众拥护、支持和配合,我们是寸步难行、无法立足的,更无法开展革命斗争。"

他说:"挺进师与浙南、浙西南的人民心连心,生死与共。没有人民的支持,我们连生命也保不住,更不用说坚持到和国民党和平谈判,直到开赴皖南抗日前线。是人民哺育了我们,是人民激励着我们前进。没有人民,我张文碧即使有三头六臂也没有用。"

他说:"许许多多的革命同志为人民的解放而牺牲了,许多革命群众为支持革命、为保护党的同志而献出了宝贵的生命。至今,我常常怀念他们,一想起他们,就感到无比的痛惜。"

"你,阿忠,是老海的外甥,又是共产党员,你不怕苦、不怕累、不怕牺牲，曾几次冒着生命危险掩护革命同志，这些事，我都记得清清楚楚。"

"记得 1937 年春，有一次敌军在平阳县北港进行大规模"清乡"、搜山，我和老海、龙跃、傅狂波等同志在山门小池村被敌人包围。突围后，跑到大屯，为了缩小目标，我和龙跃跑到马头岗。我对你说：'阿忠，我们被敌人追啦，怎么是好？'当时，雨下得很大，是你的父亲和你，毫不犹豫地把我们护送到后面的山洞里隐蔽。这样，我们才幸免于难。我们隐蔽在山洞的几天里，你每天为我们送饭送菜。当时，我们想吸烟，你又为我们送来旱烟丝，给我们解烟瘾。三天后，老海托交通员送来了信，我们才转移到吴小垟地方。"

他说："中共浙江省第一次代表大会在冠尖和马头岗召开时，当地人民做了很多事。在艰苦的革命岁月里，马头岗人民对革命贡献很大啊，这里面包括你阿忠，你的父亲、母亲，以及你几个兄弟对党的贡献。这些重大的事情，我一辈子也忘不了。今天，我们能在这里会面，真是想也想不到啊，真是太高兴了……"

在谈话快结束时，张文碧同志拿出两包软壳的中华牌香烟，笑着，风趣地说："现在，我无旱烟丝可送，就送上两包香烟吧。"他又留我们吃午饭。我们推辞说，你的工作忙，要休息，三舅父在家等我们呢。

我和吉交回到三舅父郑海啸家时，三舅父问："张司令对你们怎么样？"我一一做了汇报。三舅父说："张司令对你们最好。我去，他也没有把中华烟送给我呢！"说罢，我们都哈哈大笑。

领导来信

我一直没有忘记老区群众

——龙跃给翁吉忠和翁吉来[1]的信

吉忠、吉来同志：

接到你们的来信，知道你们以及马头岗一带老区的情况，我非常高兴。

原凤卧乡一带，特别是马头岗、大脚岭尾、土地公山、凤林、内塘、大屯、青龙背、水办、田头坑、冠尖、玉青岩、吊桥、显桥、马绩、山厂、金岙等处的群众过去对革命是有贡献的。对这些地区的老同志、老群众我一直没有忘记，我衷心向他们问好！……

接到你们的来信才知道你们的母亲早已去世，你们的父亲和你们的母亲过去都是积极拥护革命，对革命有过一定的贡献的。记得你父亲1938年去世的时候曾遗言你们：要紧跟毛主席，紧跟党不动摇，为革命贡献力量。

来信说到你们母亲1957年去世时对你们又曾作同样的遗言。我内心里也非常感动。希望你们不要忘记父母革命之言，今后更积极工作，紧紧依靠和团结贫下中农，为争取更大的胜利而奋斗。

---

〔1〕 翁吉来(1924—1995)，凤卧马头岗人，1948年入伍，中共党员，翁吉忠弟弟。

目前我们在上海市"五七"干校劳动和学习,一切都好,请勿念。祝你们工作顺利,学习进步!

龙　跃

1972 年 5 月 3 日

发扬光大革命的传统

——龙跃给马头岗村党支部的信

翁时悻[1]同志并请转马头岗支委会：

你在 7 月 15 日写给我的信，收到好久了，因身体不好，延至今天才给写回信，很是抱歉！

马头岗人民过去在马头岗支部的领导下，坚持了长期的革命斗争，为党为人民作出了重要的贡献，这是马头岗所有共产党员和革命人民的无上光荣！我向马头岗的同志和革命群众热烈问好。

我对马头岗一带感到特别亲切。我和浙南特委机关过去在那一带工作，得到马头岗等地人民很多的支持和帮助。所有这一切，深深留在我的脑海里，我从来没有忘记过。我虽然由于年纪大了，同时身体又一直生病，无法回去看看大家，但每当我接到马头岗等地同志和群众的来信，就好像和你们见了面一样高兴。这里我特别要提到，过去马头岗有几个革命的老妈妈很好，可惜有几个已经去世。据我所知，现在唯一健在的只有娘贵的妈妈了。请你们代我向她老人家问候，祝她长寿！

你们的信我看了，信上说的大部分内容都合乎当时的实际情况。就是说，马头岗是有着光荣的革命传统的，希望你

---

〔1〕 翁时悻当时任马头岗村党支部书记。

们继续努力学习,积极工作,发扬光大过去的革命传统。

你们连信附来的龙跃写给凤林党支部的信和省党代会的经过情况,是我写的,除个别文字上的错字或漏字外,整个内容不会错。省党代表大会,是浙江党的历史上光荣的一页,过去两个会场,从时间上说,在马头岗开会的时间较长,共九天,主要是开小组会和两次或三次大会;在冠尖只开一天一晚(包括预备在内共两天两夜),但开幕典礼和闭幕典礼都是在冠尖举行的。我在给凤林支部的信就是从这个意义上写的。这绝不是说冠尖就光荣一些,马头岗就不光荣一些,绝不能这样来理解。冠尖和马头岗两个地方同是省(党)代表大会的会场所在,两个地方同样光荣。希望你们用过去的光荣历史教育后代。希望你们在学习六中全会决议的基础上,跟凤林等地的同志团结一致,为"四化"建设而努力奋斗。

就此谨致

革命敬礼!

龙　跃

1981 年 9 月 10 日

向凤卧乡全体党员
和群众热烈问好
——龙跃给翁吉忠的信

吉忠同志：

接到你 4 月 15 日的来信，我很是高兴。多年不见了，我向你问好！

今年 5 月 7 日是温州解放四十五周年，我本来打算回去参加庆祝大会，但医院认为我身体不好，不同意我去温州。我写了一篇庆祝温州解放四十五周年的文章，已寄温州市委党史委员会，将在《温州日报》和温州党刊同时登出，以表示对温州解放四十五周年庆祝之意。

第一次省党代表大会五十五周年纪念会，我无法去参加，只能在此向冠尖、马头岗以及旧称凤翱乡全体党员和群众热烈问好！

第一次党代表大会的日子 7 月 21 日到 30 日，是"文革"后我提供的日子，当时记错了，实际上是 6 月 19 日到 30 日〔1〕。请你同当地年老的群众从古历再回忆看。并请回信。

我今年八十二岁了，你大概也快到八十岁吧！娘贵和阿

---

〔1〕 经党史部门确认，时间为 7 月 21 日至 30 日。

方的妈妈还在吗？骨龙背杀猪人还在吗？

祝你全家幸福，万事如意！

龙　跃

(1994 年)4 月 29 日

希望再去平阳看望老同志们

——张文碧给翁吉忠的信

翁吉忠同志：

您好！来信阅过。这个月在外地开会半月余，刚回来即看到你的来信。以后再有机会时，走去看望你及一些老同志们。

在八、九两个月中，我跑了好几个专区，也到过去打过游击的地区转了一圈。几十年的别离地方全都变了样。除了牺牲的烈士打下的江山外，就是留下坚持工作的同志及群众在党的带领下得来的结果。我们都应该珍视这一成果，更应该努力为取得的成果而拼命工作。你一直在凤卧工作几十年，有一定的农业工作经验，是宝贵的，希望你再接再厉。

我刚来浙江工作，一切都生疏，靠同志们及群众的协助才能做好工作。但还需要努一把力，到下面多跑跑，了解一下情况，所以暂时比较忙。在一个地方不能久待，等以后有时间再去平阳看看一些老同志们。

老海同志我们也见过面了。他年纪老些，身体不怎么好，不过还可以过得去，望放心。

好了就写到此。致以

敬礼！

张文碧

1975 年 11 月 21 日

忘记过去就是背叛

——陈平给翁吉忠的信

　　我在平阳的时间虽然只有几个月,把在监狱的时间加在一起也只一年多点,但老区的党和人民给我留下难以忘怀的深刻印象。

　　"忘记过去就是背叛。"我们应该告诉我们的下一代,不要忘了过去苦难的历史!我最近重读了老海同志和龙跃同志所写的回忆录,其中阐述了老区人民所遭受的蹂躏是多么深重。和日本侵略军一样,国民党反动派对人民也是实行"烧、杀、抢"的三光政策。

　　不独你们地区是这样,在武夷山区,在皖南及其他摩擦地区也是同样的结果。他们最恨的是共产党,因为共产党告诉被压迫和被剥削的人民,不是命该如此过活,要反抗,要推翻反动黑暗的体制,要自己当家做主人,自己掌握自己的命运,穷人要翻身站立起来,世界是劳动创造的,不是吸血鬼和寄生虫。为此,反动派必欲把共产党杀尽、灭绝,对觉醒了的人民也是同样对待,这是势不两立、针锋相对的。反动派与日本鬼子的反共大同盟连在一块。

　　那时候,你们遭受了非人的苦难,我们在狱中虽不知外界的情况,也同样遭受非人的折磨,如同笼中的牲畜,随时有被敌人杀害的可能。我们也进行斗争,揭发反动派准备投降、反共的阴谋和指出其必然灭亡后果。在平阳时,我们还能用各种办法与外面的组织取得一些联系。后来被押解到上饶的监狱，那里的条件，比普通监狱还坏，无每天"放风"时候，吃的是米加砂子的饭，没有什么蔬菜或盐菜，最好时，如过节，是一碗汤加上几丝黄豆芽，飘上一点油花，算是好的。吃不饱，饿不死！几十人挤在一间小屋子内。被窝内是虱子和跳蚤的天下，虱子吸人血，长得又肥又胖，还传染一种"回归热"病，使人发高烧，比疟疾还利（厉）害。许多同志被夺去生命！这是特务所使用的无形毒针。他们公开说："你们比汉奸还可恶，死了活该！"这就是国民党内反动派所制造的死亡计谋！蒋介石就说过，"宁可错杀一千，不放走一个共产党员！"这个反动头子，他最后就毁灭于他自己所制造的恶果。常言道，"善有善报，恶有恶报""得道多助，失道寡助"，他被人民赶出大陆，到台湾岛上当美帝的走卒！

陈　平

1982 年 12 月 31 日

陈平给翁吉忠的信

——关于纪念中共浙江省第一次代表大会
召开五十五周年的意见

……

我数了一下，当时代表大会所选出席"七大"的浙江代表，健在的还有4人：北京的林一心、肖刚（谢廷斋，原宁绍特委的）、刘先（刘发羡，离休在杭州）和龙跃。其他同志，有牺牲的，如刘英同志、张麒麟同志；有病故的，如郑丹甫、杨思一、丁魁梅、林辉山、孙绍奎等十位同志（肖刚原是候补委员，后替代丁魁梅为出席代表）。而当时各特委出席的代表，还健在的也不多；现省委党史办的邢子陶同志是大会秘书处的工作人员。

关于召开浙江省第一次党代会五十五周年纪念会，一定要得到省委批准才成。我与省委未接触过，对李泽民书记也不认识。我建议，你支部可向平阳县委提出要求，由县委请示省委，可抄转省党史办，并要求邢子陶或离休的刘先同志从中解释。可能比较妥善。第一次代表大会是在刘英同志主持下召开的，也是他作的政治报告和总结报告，这次纪念会也可以加入纪念刘英同志牺牲五十二周年的内容。你们以为如何，请考虑。

（摘自 1993 年 12 月 31 日陈平写给翁吉忠的信）

刘锡荣给翁吉忠的信

翁吉忠同志：

您好！2月9日惠书敬悉，知马头岗村已通电十分欣慰。这是党和政府对老区人民的关心。至于公路问题要待有关部门先提出意见。希望老区人民以当年闹革命夺江山的精神，自力更生，艰苦奋斗，建设江山，繁荣家园。

关于您们提出造我双亲塑像问题，我意见不要搞。为了新中国的诞生，牺牲的无名英雄又何止千千万万。把国家、温州建设好就是对他们先烈最好的纪念！谢谢各位的关心。

请向老区干部群众致以亲切问候，并致以革命敬意。待纪念会召开时再去拜望大家。

祝康乐

此致

敬礼

刘锡荣

1989年3月10日于温州

附　录

翁吉忠传略

卢立新

翁吉忠同志,生于 1914 年 8 月 1 日,卒于 1999 年 11 月 5 日,平阳县凤卧乡马头岗村人。1936 年 12 月参加工作,1937 年 7 月入党。历任中共浙江省委、浙南特委和平阳县委交通员,兼平安区、平西区交通员,马头岗村党支部书记。1948 年 9 月至 1949 年 7 月在平阳县委机关工作。1949 年 10 月至 1980 年,历任凤卧乡农会主任,塔边乡农会主任,凤卧乡公社主任、副书记、革委会副主任,是平阳县第一届到第五届人大代表。离休后,享受副厅级待遇。

翁吉忠同志出生于贫苦农民家庭,一家积极参加革命活动。其母郑氏是平阳县委书记郑海啸的大姐,宽厚仁慈,同情和支持革命。其父翁浩统是一位朴实敦厚的农民,在当地群众中享有较高的威望,1937 年 3 月为掩护党的负责人龙跃、张文碧等同志,遭大雨淋漓致病,因医治无效,于 1938 年 9 月逝世。其二弟、三弟是党的地下交通员,四弟在中华人民共和国成立前参加革命,五弟是根据地的武装民兵。

1939 年 7 月 21 日,中共浙江省第一次代表大会在凤卧冠尖开幕,不久转移到马头岗村翁吉忠家继续进行。其间,翁吉忠腾出房间给刘英等同志作办公室和寝室,并带领马头岗村党员和群众为大会站岗放哨、采购大会生活用品,为大会的胜利召开和安全工作作出贡献,受到省委书记刘英的表扬。会议结束后,刘英将自己的照片送给他作为留念。

在艰难困苦的革命斗争岁月中,翁吉忠同志在党的领导下,积极宣传群众、动员群众、组织群众,与敌人进行艰苦卓绝的斗争,壮大了革命力量,为巩固革命根据地和开展游击斗争作出贡献。1942 年 10 月,翁吉忠同志在联络革命工作时不幸被捕。在牢中四个多月,遭到严刑拷打,仍坚贞不屈,严守党的秘密,不吐一言一语,表现了共产党员崇高的革命气节。1947 年 3 月,水头区便衣队抓捕他时,其胞弟翁吉交挺身而出,自认是翁吉忠,为兄遭捕并受严刑,使他避过杀身之难。

中华人民共和国成立后,翁吉忠同志坚持党的原则,保持艰苦奋斗的优良作风,不居功自傲,不计较个人得失,在基层岗位上兢兢业业地工作。1958 年 8 月,他把珍藏的刘英同志赠送的照片、刘英同志当年使用过的办公桌等用具,以及《土地法大纲》一书等革命文物贡献出来,作为国庆十周年献礼和特别党费。1996 年 7 月,浙江电视台摄制组在马头岗拍摄中共浙江省第一次代表大会场景时,他把多年省吃俭用积蓄的 1500 元捐献出来,支持摄制工作,希望年轻一代接受教育,继承革命传统。

"文化大革命"期间,尽管"四人帮"一伙以莫须有的罪名对翁吉忠同志进行迫害,但他立场坚定、旗帜鲜明、坚持真理,忠于党,忠于人民,并义正词严地予以驳斥。粉碎"四人帮"后,他积极拥护党的十一届三中全会以来的路线、方针、政策,坚持四项基本原则,与党中央始终保持一致。

离休后,他继续保持党的优良作风,热爱学习,发挥余热。为了发扬革命传统，弘扬中共浙江省第一次代表大会的革命精神，他筹集资金兴建中共浙江省第一次代表大会纪念碑一座，整修刘英同志纪念室，义务管理中共浙江省第一次代表大会马头岗会址和革命历史纪念室，并亲自担任德育教育基地的讲解员。

翁吉忠同志关心和爱护年轻一代，他曾动员许多青年参加队伍。他对自己的家人要求严格，教育他们听党的话，跟党走。在他的大力支持下，大儿子和长孙、次孙响应党的号召，参军入伍。

翁吉忠同志终生为党的事业而奋斗，平阳县委评价他的一生是"革命的一生，光荣的一生"。

革命烈士名录

翁浩礼（1917—1940）　革命烈士，男，凤卧马头岗人。1937 年冬参加革命，同年加入中国共产党。1939 年 1 月，任中共浙南特委机关交通员。1940 年 7 月，外出执行任务时被捕，被关在北港区区署，后被枪杀于水头镇大船头。

翁吉星（1900—1941）　革命烈士，男，凤卧马头岗人，迁居吴潭桥村。1935 年春，由郑海啸介绍入伍，任中共凤卧支部交通员。1936 年，任凤卧支部组织委员。1937 年，组织令其打入敌人内部，任保长。1941 年，因叛徒告密，被便衣队逮捕，枪杀于凤卧溪滩。

翁浩晃（1920—1941）　革命烈士，男，凤卧马头岗人。1938 年 10 月，参加革命并任中共凤卧支部交通员。1939 年 12 月加入中国共产党。1941 年 1 月 19 日深夜，为解救群众被捕，当即被枪杀。

翁吉居（1909—1943）　革命烈士，男，凤卧马头岗人。1938 年 6 月参加革命，任中共浙南特委机关交通员。1943 年 4 月，浙南特委机关在文成县中坑被敌人包围，翁吉居在战斗中牺牲。

一盏马灯

卢立新

纪念室里有一盏锈迹斑斑的灯，
"那是一盏什么灯？"
年轻的参观者发出询问声。

那是一盏温暖人们心田的马灯，
革命战士带它宣传真理，
灯光下群情激发热血沸腾。

那是给人带来希望的马灯，
革命战士带它访贫问苦，
光芒下群众懂得了爱和憎。

那是一盏不怕风吹雨淋的马灯，
革命战士带它征战南北，
黑夜里照亮了漫漫的前程。

那是一盏催人奋进不已的马灯，
革命战士带它工作学习，
灯下传出党的指示声铿铿。

那是一盏绝非普普通通的马灯，
它是指引胜利的灯，
它又是革命者光辉的见证……

马头岗散记

郑立于[1]

初夏，我怀着崇敬的心情，去访问中国共产党浙江省第一届代表大会会址之一——平阳县凤卧镇马头岗村。

我走在革命前辈走过的小径上，一颗心早已飞到了山顶。

雨后的山峦显得格外清秀。竹林东一片、西一片，山岗上有杉、松树，还有那威武、挺拔的棕榈，有如马头岗人民坚强不屈的性格。

作为浙江省首次党代会会址之一的那幢平屋，共有九间。沿阶是小石块砌成的，前面有矮小的围墙，围墙外是树林子，茂盛的树叶把平屋掩没在绿荫中。平屋的后边有高约三丈的土壁，左右两旁各有两棵大松树。党代会的会场之一就设在平屋东边尽头的两间房子里。

我们轻轻地跨过门槛，去瞻仰会场。这虽然是两间普通平房，但我们坐在里面，好像身临一个大会堂。陪我去参观的一位老同志说，当时会场布置得庄严朴素：屋子正中挂着党旗，两旁挂着晒番薯丝的竹帘，上面贴着彩色的标语。前面屋檐下挂着一条红色的长布，下面悬着几盏纱灯。在会场里，我倾听着老同志谈这里的革命斗争的历史，谈当时的中

---

〔1〕 郑立于（1930—2024），浙江平阳矾山（今属苍南）人。历任新闻、文艺、广播、宣传、地方志等单位编辑、副总编辑、主编等40年，平阳县地方志办公室原主任。

共浙江省委书记刘英领导群众英勇斗争的故事，谈人们对未来的理想。我仿佛听到刘英同志在作报告，听到会场里响起阵阵热烈的掌声，如风暴般卷过山岗。

刘英同志经常住的地方是平屋左首第三间的前半间，它在会场的隔壁。那里布置简洁，阳光从一个小的有着木栅的窗子照射下来。

靠窗摆着一张桌子，当年刘英同志就在这里阅读文件，写报告、指示，指导革命斗争，接待来自全省各地的革命同志。刘英同志睡过的一张大木床，油漆虽然剥落了，却仿佛发着红光。住在这里的一位鬓发雪白的老大娘说："那时候，刘英同志整天忙着干革命，不是在山上跑就是坐在桌前办公事，一夜到天亮不知道睡了两更天没有。有时他和几个陌生人，就团坐在这眠床上，挂下布帐门，开起会来。"

我小心地掀开布帐，一个胖孩子正睡得香甜。正是刘英同志和无数的革命同志度过了多少个不眠之夜，今天，我们的共产主义接班人才能睡得这样安稳，看看现在，展望将来，我们这一代和下一代，以及千万代人民，该是多么幸福啊！

马头岗山背后的悬崖间，有好几个石洞。人们叫它"虎洞"，但是没有人知道它有没有藏过老虎。洞很深，洞口长满荆棘，绿油油的。这是天然的。里面藏过枪支、子弹、文件、书报等军用品和宣传品。有时也隐藏革命同志。据说，有一次，龙跃等六位同志正在村中工作，国民党反动派部队突然包围了村子，龙跃等六位同志便躲在石洞里。敌人搜查不到，只得夹着尾巴走了。

中华人民共和国成立后，这里的人民掘进"虎洞"，发现一些腐烂了的书报和生了锈的武器,还找到了一个望远镜。有位老大爷拿起望远镜一瞧,意味深长地说:"这个'宝物'看得真远。过去那些老革命同志正因为戴着望远镜看得远,所以天大的困难也不怕……"

（原载浙江省新四军历史研究会浙南分会刊物《浙南火炬》2013 年第 2 期,总第 26 期）

马头岗赞歌

郑立于

推开重重青山，
耳听清溪水响，
穿过山腰白云带，
一步跨上马头岗。

骏马日行千里，
英雄人民乘骑，
冲破重重障碍，
奔向共产主义。

第一章

马头岗，
是个光荣的村庄：
我省首届党代会，
会址曾在这地方。
山林溪流尽欢笑，
古老村庄发红光。

做报告的刘首长[1]，
声音坚定而昂扬；
博得了全场掌声，
势如风暴卷山岗。

这里是革命熔炉，
把生铁锻炼成钢，
五百名抗日健儿，
持刀枪在此北上。

第二章

马头岗，
是个战斗的村庄：
全村男女和老少，
颗颗红心朝着党，
不知什么叫困难，
登天无梯攀得上。

做军鞋，站哨岗，
传情报，送干粮，
冒着危险贴标语，
狠狠打击狗豺狼。

---

[1] 指刘英。

组织农会减租息，
惩办土豪和劣绅，
自己制造土枪炮，
参加战斗保卫党。

第三章

马头岗，
是个英雄的村庄：
坚持斗争几十年，
百折不挠到天亮，
随即进军征自然，
勇闯难关意志强。

辛勤劳动创大业，
红色地上开了荒，
牵着蛟龙山顶跑，
梯田围绕渠道网。

不怕那山高水冷，
不怕那土瘦风狂，
高高山顶插红旗，
早稻亩产千斤粮。

整理了山林果树，

发展了茶叶蚕桑，
绿色海洋财宝多，
山村赛过江南垟。

第四章

马头岗，
是个富饶的村庄：
松柏成林竹连片，
形成绿色大海洋；
初夏杨梅红似火，
春至秋末采茶忙。

牧童骑牛山岗过，
个个争把山歌唱：
我队一牛生三犊；
我队户户有山羊。

生猪不知有多少，
只闻月月建牧场，
公鸡齐啼如鸣笛，
一片繁荣新气象。

白云深处稻花香，
沙土长出番薯王。

粮食年年有节余，
废墟堆上建新仓。

第五章

马头岗，
是个勤俭的村庄：
干部廉洁又奉公，
革命传统永发扬。
一个钱当两个用，
小树枝当大栋梁。

党支部，翁时悴，
建设山村战斗员；
带领大家改山河，
关心社员人人赞。
白天生产在田头，
上下一心一股劲。

老党员，翁吉多，
勤劳节俭好榜样，
泡包蓝粉用一年，
社员称他"保险箱"。

鲜花越开越艳，

山歌越唱越响，
唱到月亮西边落，
唱到太阳东边上。

萍离水不能养，
儿离娘难成长，
我们全靠英明的毛主席，
我们全靠伟大的共产党！

（原载《浙南大众报》，1960 年 7 月 1 日）

马头岗行

郑立于

初访

怀着崇敬的心情，
在迂回曲折的山径上步行，
脚踏着先烈们走过的道路，
一颗虔诚的心早已飞到山顶。

杨梅树

左一株，右一株，
松柏、棕榈、毛竹，
是迎接"七一"吧！
忽见杨梅火样红。

它似烈士的鲜血洒满山，
它似昔日山村人民的怒火一般，
它又似革命取得的胜利，
漫山倾谷，红色成片！

党代会会场

一位老同志带我去瞻仰会场，
这使我感到光荣非常，
我轻轻跨进门槛，
好像是个迟到来会者，不敢作响。
会场虽然只是两间古旧的平房，
坐在里面却感到是雄伟的大厦一样，
因为参加这一次党代会的同志，
来自浙江全省的四面八方。

老同志说：会场布置很庄严，
两旁贴满标语，党旗挂在中间，
排排的长凳接着长凳，
一个陶瓷的大茶壶放在讲桌上。
我仿佛看到桌边站着刘英同志，
颧骨稍突出，满面带春风，
报告中的每一句话都十分激动人心，
不时还引起了听众的朗朗笑声。

他传达了领袖毛泽东的指示，
他把全省人民的心里话讲明，
他精辟地分析了当时的天下局势，
指出了在漫漫黑夜里斗争前进的路程！

（原载《浙南大众报》，1962 年 7 月 1 日）

马头岗巨变（快板）

翁仁德

晨雾笼群山，鸟兔眠犹酣，
环境无污染，新居矗山巅。
生活小康味，人欢地也欢，
泉水销城镇，物美价又廉。
交通诚方便，小车停宅园，
景观党会址，革命传统延。
漫步马头岗，纵目旷心田，
感恩共产党，紧催改革鞭。

颂中共浙江省第一次代表大会

翁仁德

一大丰碑烟雨中，卓著功勋青史留。

马头岗上美如画，碧血丹心写春秋。

蝶恋花·瞻仰
中共浙江省第一次代表大会
会址马头岗

翁仁德

林密山深曾伏虎，
星火当年，出没红军旅。
刘粟雄师驱敌虏，
工农意志谁能拒？
一大会花惊艳处，
浙共前贤，同辟回天路。
火炬递传相创举，
马头岗上红旗舞。

忆江南·马头岗

翁仁德

东南忆，最忆马头岗。
欲数前贤裁锦绣，
纵横历史颂忠良。
碑塔耸家邦。

诉衷肠·谒刘英墓

——纪念刘英同志牺牲 78 周年（2020 年）

翁仁德

抛开一切救危亡，
斗志坚又刚。
心怀民族仇恨，
坚握手中枪。
天黑暗，
日无光，
雾茫茫，
英才忠骨，
安息永康，
千古流芳。

革命后代忆浙江省第一次代表大会召开惊心时刻，红色老区再颂初心故事

硝烟散尽，精神永存。凤卧，是中共浙江省第一次代表大会的召开地，也是浙南著名革命根据地，刘英、粟裕等老一辈无产阶级革命家在这里留下了许多"红色记忆"。

近日，"壮丽70年·奋斗新时代"浙江成就主题采访活动之"老区巡礼"采访团走进温州市平阳县凤卧镇。80年间，在这片红土地上，革命精神如何代代传承？风雨激荡中，老区又迎来哪些蝶变？

军民情深，中共浙江省第一次代表大会在百姓掩护下召开

穿过刘英大桥，沿着一条被涂成红色的健步道，记者一行来到"浙江红村"凤林村冠尖山脚下。拾级而上，及半山腰，一座木质的两层小楼映入眼帘。

"80年前，就在这座房屋二楼的会场内，中国共产党浙江省第一次代表大会正式开幕……"在这座被称为"冠尖新楼"的中共浙江省第一次代表大会会址前，讲解员将这段历史娓娓道来。

1939 年 7 月 21 日,浙江省温、台、宁、绍、金、衢等地的 26 名党代表齐聚凤卧,召开了十天的会议,选举产生了新的中共浙江省委和浙江省出席中共七大的代表,向全省各级党组织发出了坚持团结抗战的战斗号召,掀开了党在浙江发展的新的一页。

一部老区革命斗争史,也是一部党和人民鱼水情深的历史。

马头岗会址与冠尖会址隔山相对。会议开到第四天,省委领导担心在冠尖举行时间过长,容易被敌人发觉,在当天夜里便将第二次大会发言转移到马头岗村进行。据讲解员介绍,冠尖和马头岗相距 8 公里,当天夜里,沿途百姓都把自家的狗关起来,防止它们的叫声惊动了不远处的国民党乡公所。

老人翁仁德告诉记者,当得知中共浙江省第一次代表大会会议转移需要房子时,父亲翁吉忠马上腾出自家的房子作为大会的会场。"村民们也都把房子让给大会代表住,自己就在院子角落搭个草棚子。"

"晚上很迟才来,早上很早就走。"这是老人郑志兴对借住在自家的几位大会代表最深刻的印象。郑志兴今年 88 岁,他告诉记者,当时平阳正深陷白色恐怖,为了会议的安全和保密,当地村民自觉承担起了地勤、通讯、后勤和保卫等工作,他的父亲和兄长也参与其中。

"蔬菜和粮食都不能公开采购,很多党员和积极分子就自愿伪装去街上买菜。为了不被发现和怀疑,一次只买一点点。"郑志兴说。

在党员和当地群众的密切配合下,大会从始至终都安全、顺利地召开。这样大规模、长时间的会议闭幕了,国民党地方当局却毫无察觉。会后刘英评价:"冠尖和马头岗群众的保护工作做得很好,让我们安心地开完这次大会。"

著书立说,革命后代讲好红色故事

"1939 年 7 月 30 日,是中国共产党浙江省第一次代表大会结束的日子……"翁仁德翻开面前一本厚厚的作品集,向记者讲起父亲翁吉忠和刘英之间的感人故事。

中共浙江省第一次代表大会顺利闭幕了,刘英也决定撤离凤卧。临行前夜,刘英把曾为会议提供房间的翁吉忠喊来,将一批重要文件交给他保管,并说道:"我送你一张照片,留作纪念。干革命随时有牺牲的可能,我不在了,以后你想到我,就看看照片。"

1942 年 5 月,刘英在金华永康被国民党反动派杀害。消息传来,翁吉忠对着刘英的照片痛哭流涕。

"是革命先辈的不怕牺牲和勇于斗争,才有了我们现在的美好生活。作为革命者的后代,我有责任把这些红色基因传承下去。"翁仁德说。

从 2011 年开始,翁仁德寻访了马头岗村还健在的革命亲历者、知情者,将这些口述故事整理成可以保存下来的文字。

"不懂历史的人,没有根;淡忘历史的民族,没有魂。我们要不忘过去、不忘历史,特别是中国共产党的历史。"他说,现在最大的心愿就是这本书能正式出版,让年轻人都能知道那段艰难的岁月。

与翁仁德怀着同样希冀的,还有郑志兴老人。"现在记者来了,我就和他们说,如果你想了解凤卧的故事,就去看书,那上面都有。"

郑志兴口中的书,正是他编写的那些党史著作,包括《中共平阳党史(第一卷)》《中国共产党平阳历史大事记》《浙江红村凤林》等多部。除此之外,他还是郑海啸和黄先河两位革命先辈的传记作者。书里面记录的每一个故事,都是郑志兴分赴全县各地,和知情人、亲历者"聊"出来的。

当问起为什么要编写这些书时,郑志兴的回答掷地有声:"平阳是一块具有光荣革命历史的土地,在这片红土地上发生的故事我们不能忘记。"

盘活资源,打造老区红色教育产业链

岁月流转,薪火相传。冠尖山顶,中共浙江省第一次代表大会陈列馆前红旗迎风飘扬,进出的游客络绎不绝。红土地上流传的红色故事,每年都能召唤大批来访者。

平阳县旅游发展投资有限公司副总经理洪成计告诉记者,过去的陈列馆面积小、陈设旧,在中共浙江省第一次代表大会纪念园提升改造工程完工后,"面积变大了,展陈手段更先进了"。

"陈列馆每天都接待大量来自县外机关事业单位、学校、企业的参观团队,就拿近两个月来说,每天参观人数大约为1200人,高峰期时可达2000人。"洪成计说。

　　中共浙江省第一次代表大会纪念园改造提升工程只是优化提升红色教育基地硬件环境的一个缩影。修缮改造大屯旧房，美化凤林村外立面，完善提升道路、餐饮、住宿等配套设施……一系列提升工程完工后，平阳红色教育基地整体面貌焕然一新。

　　与此同时，红色教育课程也不断完善，穿军装、唱军歌、吃红军饭、重温入党誓词等体验式教学广受好评。

　　"平阳光革命遗址就有100多处，红色资源极为丰富。"平阳县委组织部副部长李明峰介绍。早在2007年，刘英大桥就实现了冠尖到马头岗旅游路线的畅通。2018年，水头至凤卧红旅主干道、垟头至红军桥红旅漫步道、冠尖至马头岗红旅记忆道等旅游道路正式投用，日益完善的基础设施盘活了丰富的红色资源，以凤卧、山门红色教育基地为轴心的红色教育产业链逐渐形成。

　　就在不久前，"平阳红色教育基地预约平台"正式上线。游客只需点一点手机，就能预约好行程。而随着平阳县委党校迁建和浙江省委党校平阳分校、温州市委党校平阳分校挂牌，平阳红色教育发展还将迎来新的战略机遇。

　　"将丰富的红色资源变为火热的红色经济，是新时代下党和人民的鱼水情深，更是平阳这片红土地上续写的红色故事新篇章。"李明峰说。

　　（本文作者为段松艳、曾志恒等，来源：浙江在线，https://zjnews.zjol.com.cn/ztjj/zl70/sbh/201907/t20190722_10638147.shtml，2019年7月22日）

"省一大"会址：
见证浙江党史著殊勋

在平阳的众多红色记忆中,中共浙江省第一次代表大会的胜利召开无疑是最亮丽的一抹红,如今尽管硝烟散尽,但留在平阳这片红色土地上的感人故事历久弥新。1939年,中共浙江省第一次代表大会在凤卧的冠尖与马头岗两个小山村召开,这是新民主主义革命时期浙江党组织召开的唯一的一次全省党代表大会,掀开了中共浙江党史崭新的一页。

冠尖山与马头岗两峰对峙,群山环绕,地势险要,中隔凤林溪,两地间距约8公里。在这两座山上,分别坐落着中共浙江省第一次代表大会会址——冠尖新楼会址和马头岗会址。其中,冠尖新楼会址是郑永暖家一幢五间二层木结构楼房(俗称新楼),马头岗会址是翁吉忠家一幢九间木结构平房。1939年,为了总结中共浙江省委一年多来的工作,讨论今后工作任务和方针政策,充实健全各级党组织,选举浙江省出席中共七大的代表,浙江省在各县、各特委相继召开党代会的基础上,于6月作出了中共浙江省第一次代表大会于7月下旬在平阳凤卧召开的决定。

"省委之所以决定把省党代会放在平阳北港山区召开,是因为这里曾是红军挺进师坚持三年游击战争的重要根据地,是全民族抗日战争初期国统区隐蔽的红色基地。这里的党组织与群众均经过长期的革命斗争考验,党群关系血肉相连,亲密无间。这里的党组织还掌握着一些'白皮红心'的基层政权,党与当地一些上层分子有着较好的统战关系。在这里举行省党代会,既可掌握周围几个城镇的敌顽动态,又可对外封锁消息、保守秘密,因而比较安全可靠。"县委党史研究室副主任李友彩介绍,中共浙江省第一次代表大会是在国民党顽固派开始积极反共,在各地疯狂捕杀共产党人和基本地区群众的严重形势下召开的。大会召开之前,时任省委书记刘英亲自把大会的安全保卫和后勤工作交给了时任平阳县委书记的郑海啸负责。在浙南特委的直接领导下,平阳县委周密安排了大会的安全保卫和后勤工作。当地党员、干部和群众为保证大会顺利召开,在安全保卫和后勤供应方面做了大量工作。

"这么多人聚集在小山村,后勤保障是个不小的压力,担子落在我爷爷身上。在当时,除了经费困难,更主要的问题是近100人的伙食采购问题。由于当时我党处于地下活动状态,不可能公开地、大批量地到国民党顽固派控制的街上采购物品,而农村又没有粮站和菜市场。怎么办?平阳县委想到了通过当地党组织去分散筹办。"郑海啸之孙郑海农说。当地党员分头购买粮食、肉类和蔬菜,有的乔装成小商店店主协助购买货物和各类海产品,秘密送到县机关。当地群众从自家菜园采摘部分蔬菜,送给大会。

安全保卫和后勤供应的工作措施,有力地保障了中共浙江省第一次代表大会的顺利召开。1939年7月21日上午,中共浙江省第一次代表大会在凤卧冠尖新楼正式开幕,来自全省各地的26名正式代表,代表全省19000多名党员。刘英代表中共浙江省委致开幕词、作政治报告,并作两年来浙江工作的书面总结。大会经过充分讨论,一致同意刘英所作的报告和总结。

为了确保大会的绝对安全和顺利进行,会议中途从冠尖新楼转移到马头岗村继续进行。大会在马头岗会场进行了选举,以无记名投票方式,选举产生了新的中共浙江省委和浙江省出席中共七大的正式代表、候补代表。

马头岗会址房主翁吉忠的后人翁仁德说:"我父亲翁吉忠是地下交通员,也是郑海啸的外甥,所以信得过。当年,郑海啸提出将会议转移到我父亲家时,父亲二话没说,一口答应,并马上召集马头岗村党支部的党员和群众,积极配合,做好站岗放哨以及房间打扫、物品运送、洗菜烧饭等后勤服务。"

中共浙江省第一次代表大会加强了浙江党的领导,巩固了党的组织,鼓舞了全省党员干部的斗争热情和信心,使浙江全党空前统一,因而在浙江党的发展历史上具有十分重要的地位和深远的意义。

时光荏苒,岁月如梭。如今,战火硝烟早已散去,但革命先辈的辉煌永存。冠尖新楼、马头岗会址这两座老房子穿过历史的烟云,依旧屹立在原地,向每天前来瞻仰的游客诉说着先辈们崇高的革命精神和家国情怀。在新时代的今天,我们要铭记革命历史,传承红色精神,在新长征中凝聚奋进新时代的磅礴伟力,继续谱写平阳大地上的精彩篇章。

(本文作者张鹏敏、张炜,来源:《新平阳》,2021 年 7 月 1 日)

红色基因不能丢　红色故事不能忘

——《红色马头岗》一书侧记

翁仁德

我今年 81 岁,党龄 44 年。我的父亲翁吉忠是个老红军,曾经和郑海啸、龙跃几位老同志共事。郑海啸是我父亲的亲舅父。我祖母有 5 个儿子,我父亲是最大的,我二叔、三叔都是地下交通员。在革命时期,他们都为我们党做了一些有意义的工作。

1939 年 7 月 21 日至 30 日,中共浙江省第一次代表大会先后在平阳凤卧的冠尖、马头岗两地召开。马头岗会址就在我的四公翁浩检家。

那时候,马头岗村党支部党员为中共浙江省第一次代表大会的召开而奔忙。我的舅公郑海啸和父辈们负责布置会场、站岗放哨、采购物资、保障后勤。当时的条件比较艰苦,会场布置得很简单,一面党旗,摆上一张桌子、几张凳子,就没有其他多余的东西了。

1939 年 7 月 30 日,中共浙江省第一次代表大会闭幕。刘英临走前,把一幅斑驳、泛黄的一寸照交给我的父亲翁吉忠留作纪念。他说:“干革命工作随时有流血牺牲的可能,我送你一张照片作为留念。如果我人不在了,你就看看这张照片,就像我们在一起(战斗)了。”

那时候,马头岗只有 30 多户人家,房子被拆、被烧就有

20 多间；一共只有 150 多人，牺牲了 5 人，被捕、受刑的有 20
多人。烈士中年纪最大的 30 多岁，最小的才 22 岁。在对敌
斗争中，马头岗党员和群众谱写了一页页壮烈的篇章。

　　我一直告诉自己，红色基因不能丢，红色故事不能忘，忘
记过去就意味着背叛，要一代代地传下去。作为后代，我们
有责任把这些故事用文字记下来、传下去。从 2011 年开始，
我寻访马头岗还健在的革命亲历者和知情者，将他们口述的
红色故事整理成 30 多个故事。

　　（原载《新平阳》，2011 年 6 月 2 日）

编后记

历时多年编完书，如像向革命前辈递送了一份不成熟的汇报稿，又像对今人和后人交了一笔应该交而未交好的账，心中实在是惴惴不安。

2011年，本书初步编成，现在加以补充、修改，终于付梓了。时隔十余年，许多亲历革命斗争的老同志已先后去世，只能以此书告慰于地下英灵。

本书定稿之前，曾征求许多革命前辈和各级领导同志的意见。他们认为以史为鉴可以知古今、可以知兴替、可以知未来，所以无不认真审阅，诚恳地提出宝贵的意见和建议，又补充了一些珍贵的资料。这种对历史负责、对后人负责的精神，令人敬佩。本书在内容组织和编排上，又得到许多同行的"点金"，使全书增色不少。在此向这些热心人致以诚挚的感谢。

收入本书的档案资料，除对少数内容做必要的处理外，均不作改动。原文欠通之处，悉从其旧。本书所参考和引用的材料，主要有《龙跃纪念文集》《郑海啸纪念文集》《凤林村与抗日将士》等。对此，书中并未逐一注明，特表歉意。

编　者

2023年10月